아름다운 혁명가

체 게바라

아름다운 혁명가

체 게바라

박영욱 지음

자음과모음

차례

3장

‘체’ 게바라의 탄생

4장

쿠바 혁명에 뛰어들다

5장

체 게바라, 영원한 혁명가로 남다

1장

남다른 시련과 극복의 어린 시절

특이한 출생의 내력

에르네스토 게바라라는 본명보다 '체'라는 별칭으로 잘 알려진 체 게바라는 1928년 6월 14일 아르헨티나에서 태어난 것으로 알려져 있다. 아르헨티나에 남아 있는 공식적인 출생 신고서에도 그렇게 기록되어 있다. 하지만 그가 실제로 태어난 날은 공식적으로 알려진 날보다 한 달이 앞선 1928년 5월 14일이다. 몇십 년 동안 비밀로 간직되었던 그 사실이 밝혀진 것은 쿠바 혁명을 이끈 영웅으로 유명해진 시기에 체의 어머니 셀리아 데 라 세르나의 입을 통해서였다.

셀리아의 친구였던 한 점술가가 어느 날 체의 점을 보게 되었다. 이미 알려진 체의 생일을 근거로 점을 쳤던 그 점술가는 자신이 낸 점괘를 보고 의아해했다. 그녀의 점괘에 나온 체의 성격은 우유부단하고 의존적일 뿐만 아니라 특별한 사건이라고는 없는 밋밋한 쌍둥이자리의 전형이었던 것이다. 세간에 알려진 체와는 너무나도 다르게 나온 점괘라 그녀는 믿을 수가 없었다. 자신이 낸 점괘가 틀리거나 체의 성품이 알려진 것과는 다르거나 둘 중의 하나여야 할 것이었다.

그때 셀리아는 빙그레 웃으면서 몇십 년 동안 비밀로 묻어 두었던 이야기를 넌지시 꺼냈다.

"이 이야기는 처음 하는 건데, 실은 에르네스토가 태어난 날짜는 세상에 알려진 것과 달라. 5월 14일이 그 애의 진짜 생일이야."

그 말을 듣고 다시 점괘를 본 점술가 친구는 그제야 손뼉을 치면서 말했다.

"맞아. 에르네스토는 황소자리구나. 이제 점괘가 제대로 나오는데. 어디 보자. 그래, 고집이 세고 결단력이 있는 성격이야. 에르네스토의 사주가 맞아."

체 게바라의 진짜 출생일이 공식적으로 알려진 것과 다른 데에는 특별한 이유가 있다. 사연은 이러하다. 게바라의 아버지는 게바라와 이름이 똑같은 에르네스토 게바라 린치였다. 체의 아버지인 에르네스토 게바라 린치가 셀리아를 처음 만난 것은 1927년이었다. 체의 어머니인 셀리아는 당시 부에노스아이레스의 한 여학교를 갓 졸업한 스무 살의 어린 처녀였다. 검은 머리와 갈색 눈, 도도한 매부리코 등 배우 같은 용모를 지닌 셀리아는 스페인 귀족 혈통의 계보를 이어받은, 아르헨티나의 전형적인 상류 가문 출신이었다. 그녀의 할아버지는 광활한 토지를 소유한 대지주였으며, 그녀의 아버지 역시 저명한 교수이자 국회의원이면서 외교관이기도 하였다. 불행하게도 셀리아의 아버지와 어머니는 모두 그녀가 어릴 때 돌아가셨다. 하지만 그들이 죽은 후에도 남겨진 엄청난 재산 때문에 그녀와 그녀의 형제들 모두 아무 걱정 없이 생활할 수 있었다. 또한 스무 살 이후에는 법적으로 유산 일부를 상속받게 되어 있었다.

반면 체의 아버지 에르네스토의 집안은 그다지 순탄한 편이 아니었다. 할아버지는 아일랜드와 바스크의 혈통을 이어받은 사람이었는데, 금광을 찾아서 미국의 캘리포니아로 떠날 만큼 모험심이 강한 기질의 소유자였다. 고집 세기로 유명한 바스크와 아일랜드의 피는 에르네스토에게도 흐르고 있었다. 어쩌면 고집스러운 피는 체 게바라에게도 전달되었음이 틀림없다.

체의 아버지 에르네스토 게바라 린치가 셀리아를 만날 무렵, 그는 한 부유한 친척과 함께 아스틸레로 산 이시드로라는 요트 제조회사에 자신의 돈 대부분을 투자하였다. 하지만 거기에서 나오는 이자만으로는 불충분했던 터라 그는 친구의 조언대로 미시오네스에서 마테의 원료인 마테나무를 재배해서 한몫을 챙기려는 계획을 세웠다. 마테는 원주민들이 제사에 사용하던 자극적인 차였지만 이미 수백만 아르헨티나 사람들의 기호품이 되어 버린 지 오래였다. 말하자면 체의 아버지 쪽은 어머니 쪽의 혈통에 비해서 기우는 셈이었다.

이런 단점에다가 조신하기보다는 모험적이고 호사가 기질까지 갖춘 에르네스토 게바라 린치가 셀리아의 집안사람들에게 탐탁하게 여겨질 리는 만무하였다. 예상대로 셀리아 집안의 반대는 거셌다. 당시 아르헨티나의 법률에 따르면 21세가 안 된 여자는 집안의 동의 없이는 절대 결혼할 수 없었다. 갓 스물이 넘었던 셀리아는 집안사람들에게 에르네스토 게바라 린치와의 결혼을 허락받고자 했지만 거절당했다. 결국 그들은 극단적인 방법을 선택하기로 하였다. 셀리아가 임신 중이라는 것을 가족에게 알리는 것이다.

그렇게 해서 가족들의 반대는 무마시켰지만, 대신 셀리아는 그녀의 언니 집으로 피신해 있어야만 했다. 당시 부에노스아이레스의 사회적 분위기로는 처녀가 결혼 전에 임신했다는 사실이 알려질 경우 구설수에 오르는 것을 피할 수가 없었기 때문이었다. 1927년 11월 10일 셀리아와 에르네스토 게바라 린치는 셀리아의 언니인 에델미라 무레 데 라 세르나의 집에서 가족들만 불러 놓고 조촐한 결혼식을 올린다. 그들의 결혼은 가족과의 힘겨루기에서 셀리아가 얻은 승리의 결과였다.

셀리아는 그 여세를 몰아 법정에서 또 한 번의 승리를 거둔다. 부모님이 남겨주신 유산의 상속분을 찾으려 한 것이다. 판사의 명령으로 셀리아는 일부를 상속받는다. 그녀가 받은 상속분은 코르도바 중부 지역에 있는 가축을 비롯한 곡물 재배권과 펀드 회사로부터 지급받은 현금이었다. 남편이 소망하던 대로 미시오네스에서 마테를 재배하기에 충분한 돈이었다. 그렇게 해서 그들은 미시오네스로 출발했다.

미시오네스로의 도피는 그들 부부 모두에게 유리한 것이었다. 에르네스토 게바라 린치로써는 자신이 바라던 마테를 재배할 기회를 얻는 것이었으며, 셀리아로서는 혼전 임신 사실을 숨길 수 있는 도피처가 생기는 일이었기 때문이다. 셀리아가 거의 만삭이 되었을 무렵, 그들 부부는 근처 로사리오시에 가기 위해서 파라나강을 건너고 있었다. 그때 갑자기 셀리아가 예상치 않았던 진통을 시작하였다. 그들은 출산을 위해서 부에노스아이레스로 서둘러 선회하려 했지만 때는 이미 늦은 상태였다. 셀리아는 그곳에서 체를 낳았다. 그리고 에르네스토 게바라 린치의 친구였던 그곳의 의사가 그들의 사정을 듣고는 거짓으로 한 달 늦추어서 출생신고를 해주었다.

아버지와 똑같은 이름을 가지고 태어난 에르네스토 게바라의 출생일이 늦어진 데에는 바로 이런 사연이 숨겨져 있었다. 만약 5월 14일로 출생신고를 했다면 셀리아의 혼전 임신 사실이 세간에 다 알려졌을 터이고 시끄러운 부에노스아이레스 사회의 입방아를 피할 수 없었을 것이다.

천식과 함께 성장한 아이

셀리아의 돈으로 게바라 린치는 리오 파라나강둑 변의 밀림 지역을 200헥타르가량 사들였다. 그들은 그곳에 정착하기로 하고 통나무집을 지었다. 부에노스아이레스에서의 안락한 생활과는 거리가 멀었지만, 게바라 린치의 결심은 비장하였다. 그는 이곳에서 마테를 재배하여 큰돈을 벌 생각을 하였다. 이런 야심이 어려움을 극복하는 힘이 되었다. 사실 주변에는 무수한 위험이 도사리고 있었다. 무서운 맹수들과 강도, 살인범, 엄청난 폭우, 열대의 재난 등이 언제나 그들을 삼킬 준비를 하고 있었다. 나중에 게바라 린치 자신이 술회하였듯이 "그곳에서의 생활은 모든 것이 다 위험스러운 것이었다. (……) 강 쪽으로 한 발자국만 내딛어도 권총이나 칼에 의지하지 않고서는 생명의 안전을 장담할 수 없을 것 같은 느낌이 들" 정도였다.

그렇지만 몇 달 동안 게바라 부부는 그 지역에 터를 잡고 개간하면서 행복한 생활을 즐겼다. 그들은 낚시를 하거나 보트를 타기도 하였으며 승마도 즐겼다. 하지만 그들의 전원생활은 오래 가지 못했다. 셀리아의 분만일이 가까워졌기 때문이다. 그들은 분만을 위해 문명으로 돌아가야만 했다. 결국 근처 로사리오에서 체 게바라를 분만한 그들은 셀리아가 회복될 때까지 그곳에서 머물러야 했다.

부에노스아이레스로 가서 체 게바라의 탄생을 식구들에게 자랑하고 돌아온 게바라 부부는 다시 미시오네스로 돌아왔다. 그곳에서 마테 재배를 다시 시작한 게바라 린치는 파라과이인 노동자를 고용해서 본격적인 개간 사업에 착수하였다. 어린 체가 첫걸음마를 배우기 시작한 곳이 바로 이곳이다.

외관상 평화로운 전원생활이 유지되고 있었지만 그 평온한 삶의 내피에는 게바라 부부의 불화가 은밀하게 자라나고 있었다. 셀리아는 나름대로 고독한 생활에 적응하며 공포에 대해서도 어느 정도 면역력을 키우고 있었던 반면, 게바라 린치는 자신의 주변에 언제나 사람들이 모여들기를 바라는 의존적인 성향의 소유자였다. 게다가 그는 곧잘 앞서 머릿속에서 걱정거리를 만들어 내기도 하였다. 결국 파산하게 될 결혼 생활의 불화는 이미 이곳에서 조금씩 고개를 들고 있었던 셈이다.

땅이 제대로 개간되고 마테나무도 제대로 자랐지만 1929년 말, 게바라 부부는 어린 체와 함께 다시 부에노스아이레스로 가기 위해서 짐을 꾸려야 했다. 그해 3월에 셀리아가 둘째를 가졌고, 이제 출산이 가까워졌기 때문이다. 게바라 부부와 어린 체, 이렇게 세 식구는 부에노스아이레스로 돌아왔다. 1929년의 마지막 날, 엄마 이름을 그대로 물려받은 게바라의 여동생 셀리아가 태어난다. 이제 식구는 네 명으로 늘어났다.

부에노스아이레스에 와 있는 동안 게바라 린치는 다시 요트 사업에 손을 댔다. 그는 요트 사업에 많은 돈을 투자했다. 그러나 결과는 비참했다. 게바라 린치는 거의 모든 돈을 날리고 말았다. 그나마 다행스러웠던 것은 그가 알라라는 요트를 보상금 조로 넘겨받았다는 사실이다. 비록 낡은 요트였지만 금전적으로는 상당히 값나가는 것이었다. 거기에다 부에노스아이레스에 있는 동안 다른 사람에게 맡겨 놓았던 마테 재배가 성공을 거둬 거기에서도 수입이 있었다. 다시 농장으로 돌아온 게바라 린치는 투자의 실패에도 불구하고 그다지 걱정이 없어 보였다.

1930년 5월의 어느 날, 셀리아는 두 살 된 그의 아들 체를 요트 클럽으로 데리고 갔다. 그곳에서 어린 체는 수영을 하였다. 아르헨티나의 5월은 우리나라의 11월에 해당하는 셈이니까 겨울이나 다름없

는 때라고 할 수 있다. 그날 밤 어린 체는 심하게 기침을 하기 시작했다. 의사는 폐렴 증세라고 진단을 내리고 거기에 맞는 일상적인 약을 지어 주었다. 하지만 체의 병세는 좋아지기는커녕 점점 더 나빠졌다. 기침 증세가 잠시 진정되는가 싶으면 다시 나타나기 시작했다. 체의 천식이 본격적으로 시작된 것이었다. 게바라 린치는 어린 체의 천식을 일으키게 만든 책임을 따지며 셀리아를 크게 힐책했다. 사실 셀리아 자신도 심한 알레르기와 천식 증세가 있는 체질이었다.

천식의 원인이 무엇인지 확실하게 밝혀지지는 않았지만, 분명한 사실은 이제 다시 습한 그곳으로 돌아갈 수는 없다는 것이었다. 천식 환자인 어린 체를 위해서는 건조한 기후의 땅을 찾아 나서야 했다. 게바라 부부는 어린 체의 천식을 진정시키기 위해서 의사들의 충고에 따라 코르도바 지역으로 이주했다. 의사는 어린 체가 조금이라도 회복하기 위해서 적어도 몇 달간은 코르도바에 머물러야 한다고 했다. 게바라 가족과 친분이 있던 한 친구가 코르도바 근처에 있는 치키스 산악 지대의 작은 마을인 알타그라시아를 추천했다. 게바라 부부는 그곳에서 잠시 머물 생각으로 알타그라시아로 향했다. 그곳에서 11년이나 머물게 될 것이라고는 꿈에도 생각하지 못했다.

알타그라시아는 예수회 선교사들이 세운 유서 깊은 도시이다. 게바라 가족이 이사했던 1930년대 초만 하더라도 그곳은 농장과 전원으로 둘러싸인 인구가 고작 수천 명 정도인 작은 휴양도시에 불과하였다. 건조한 기후 덕인지 그곳에서 지내는 동안 에르네스토의 천식은 나아지는 것처럼 보였다. 그러자 독일인이 경영하던 데 라 그루타 호텔에서 지내던 그들은 아예 그곳에 정착해야겠다는 결심을 하였다. 마침내 그들은 산자락에 위치한 카를로스 펠레그리니라는 마을에 집을 얻어 정착하였다. 1932년 5월 18일에 셋째 아이인 로베르토가 태어나고, 1934년 1월 28일에는 넷째 안나 마리아가 태어남으로써 식구가 여섯 명으로 늘어난다. 막내 후안 마르틴까지 합쳐서 일곱 식구가 되었던 것은 9년 후인 1943년 5월 18일이다.

에르네스토는 천식 탓에 제때 입학할 수가 없었다. 아홉 살이 되어서야 간신히 학교에 입학하게 된다. 그전까지 셀리아는 아들을 집에서 직접 가르쳤다. 이런 경험을 통해서 게바라는 어머니와 특별한 유대 관계를 맺게 되었으며, 다른 어떤 모자보다도 끈끈한 신뢰와 유대를 보여줬다. 어쩌면 혁명전쟁에서 보여준 그의 용감무쌍함, 대범성, 모험심, 결단력, 타인에 대한 신뢰성 등은 어머니 셀리아로부터 받은 것이었는지 모른다.

처음 기대했던 것과 달리 에르네스토의 천식은 다시 나빠지기 시작했다. 그것은 게바라 부부의 가장 큰 걱정거리였다. 어느 날 셀리아가 말했다.

"아무래도 잠옷, 베개, 요를 바꾸고 카펫과 커튼도 없애 버리는 게 어떨까요?"

"좋은 생각이야. 참, 그리고 누군가한테 들은 얘긴데, 고양이와 같이 재우면 천식 재발을 방지하는 데 도움이 된다더군."

게바라 린치가 대답했다.

"할 수 있는 일이라면 다 해 봐야죠."

셀리아의 말이 떨어지자마자 그들은 즉시 행동에 옮겼다. 게바라 린치는 어디서 찾았는지 고양이를 데리고 왔다. 그리고 그 고양이를 에르네스토의 침대에서 함께 재웠다. 그러나 다음 날 아침이 되어도 에르네스토의 천식은 전혀 나아지질 않았다. 다만 고양이는 밤사이 자고 있던 어린아이 밑에 깔려 질식해 죽어 있었다.

결국 게바라 부부는 에르네스토의 천식을 치료하는 특별한 비법은 없다는 것을 깨달았다. 그들이 할 수 있는 것이라고는 아들의 상태를 그나마 더 나빠지지 않도록 할 방법을 찾아내는 것이었다. 수영을 한 후 에르네스토의 천식이 좋아졌다는 것을 우연한 기회에 발견한 게바라 가족은 당장 시에라스 호텔의 수영장에 등록하였다. 또 천식에 해로운 음식은 먹지 못하도록 했다. 비록 어린아이였지만 에르네스토는 아무리 먹고 싶어도 천식에 해롭기 때문에 금지된 음식물은 절대로 먹지 않는 자제력을 보여 주었다.

당시 에르네스토는 천식 때문에 아예 걸을 수조차 없어서 며칠 동안씩 침대에 누워 있어야만 하는 때도 있었다. 그럴 때면 에르네스토는 긴 고독의 시간을 책을 읽거나 아버지와 체스를 두면서 보냈다. 체스는 어른이 되어서도 그가 곧잘 하는 여가 활동 중 하나가 되었다. 또 이때 그의 몸에 밴 독서 습관은 게릴라전을 펼치는 산중의 생활에서도 결코 손에서 책을 놓아 본 적이 없는 독서광이 되는 기틀이 되었다.

천식의 고통으로부터 자유로워지면 에르네스토는 어김없이 운동을 했다. 자신의 질병으로 인한 육체적 결함에 민감했던 그는 오히려 자신의 육체적 한계를 시험하기 위해서인 듯 온갖 운동에 힘을 쏟았다. 축구와 탁구, 골프에 탐닉했을 뿐만 아니라 승마와 사냥, 시에라스 호텔의 수영장이나 혹은 그 지방의 험난한 계곡에서 수영을 즐겼다. 또 등산과 암벽 등반까지 주저하지 않고 시도하였다.

크나큰 고난이 닥쳤을 때 사람들의 반응은 크게 두 가지이다. 대부분의 사람은 그 고난이 자신에게 떨어진 것에 대해 운명을 탓하거나 혹은 체념하고 묵묵히 받아들인다. 하지만 특정한 소수는 운명을 탓하거나 체념하지 않고 어떤 방식으로든 그것을 극복하려고 노력한다. 비록 어린아이였지만 에르네스토는 자신에게 주어진 고난을 극복하려고 노력하였다. 그리고 그러한 불굴의 의지는 '체' 게바라가 된 이후에도 결코 현실에 안주하거나 타협하지 않는 진정한 혁명가로 성장할 수 있는 원동력이 되었다.

코르도바에서 만난 알베르토

1943년 여름, 게바라 가족은 알타그라시아를 떠난다. 게바라 가족이 새로운 둥지를 튼 곳은 코르도바였다. 게바라 린치가 코르도바에서 건설 회사를 같이 시작할 새로운 동업자를 마침내 찾았기 때문이었다. 게다가 에르네스토의 동생 셀리아가 코르도바에 있는 고등학교에 입학해야 할 때가 되었기 때문에 코르도바로 이사하는 것은 매우 실리적인 결정이기도 했다.

게바라 가족이 코르도바로 이사할 수 있었던 것은 집안 형편이 그나마 반짝 좋아졌기 때문이었다. 그렇지만 그곳에서 게바라 부부의 관계는 원만하지 못했다. 1943년 5월, 막내 후안 마르틴이 태어나면서 둘의 관계는 잠시 좋아지는 듯했다. 하지만 셀리아와 게바라 린치의 불화는 계속해서 깊어져 갔고, 4년 후, 부에노스아이레스로 이사하면서 두 사람의 결혼 생활은 막을 내리게 된다.

불화의 일차적인 원인은 게바라 린치의 고질적인 여성 편력에 있었다. 그는 자신이 플레이보이처럼 보이기를 원했으며 그렇게 행세하고 다녔다. 당시 에르네스토나 셀리아의 친구들 눈에는 게바라 린치가 영락없는 불량스러운 플레이보이로 비쳐졌다. 그는 일해서 얼마간 돈이 생기면 그것을 몽땅 써 버리곤 했다. 언제나 젊은 여자들에게 옷을 사주거나 쓸데없는 일에 돈을 탕진하였다. 가족들에게 돌아오는 것이라고는 아무것도 없었다. 체 게바라가 아버지의 이런 습성을 닮지 않은 것은 천만 다행스러운 일이었다.

나중에 에르네스토의 여동생 셀리아는 "우리 가족은 멋지게 살았으며 돈이 생기는 족족 모두 써 버렸다. 저축이라고는 전혀 몰랐다."고 회상하였다. 당시 게바라 가족은 이층집을 통째로 빌려서 살고 있었는데 이것은 약간 분에 넘치는 것이었다. 게바라의 집은 알타그라시아에서와 같은 개방적인 분위기가 넘쳐났다. 게바라 가족들이 사귄 친구 중에 코르도바의 가장 부유한 가문 출신인 돌로레스 모야노도 있었다. 돌로레스 모야노는 게바라 집안이 상당히 이국적인 느낌을 주었다고 회고하였다. 집 안에는 아무런 가구가 없고 책만 가득 차 있었다. 또 마당에서 마음껏 자전거를 타고 다닐 수도 있을 뿐만 아니라, 심지어 자전거를 타고 거실을 통해서 뒷마

당으로 넘나들어도 아무도 나무라지 않았다. 정해진 식사 시간도 없었으며, 배가 고픈 때가 곧 식사 시간이었다.

이 모든 분위기는 사람들을 좋아하는 호인 기질의 아버지 때문이었다. 하지만 에르네스토의 어머니 셀리아는 달랐다. 그녀는 엄격한 사람이었다. 나중에 에르네스토가 게릴라가 된 이후 냉정할 정도로 원칙을 고수하는 엄격함을 보이면서도 한편으로는 대원들과 농부들, 그리고 이웃 어린아이들에게 따뜻하고 포근한 호인의 모습을 보여 줄 수 있었던 것은 바로 양쪽 부모의 장점을 다 가지고 있었기 때문이었던 것 같다.

체 게바라의 청년기를 통틀어서 가장 중요한 사건 중의 하나는 알베르토 그라나도와의 만남이었다. 알베르토 그라나도는 에르네스토의 또래가 아니었다. 알베르토 그라나도는 밑으로 그레고리오와 토마스라는 남동생을 둔 세 형제의 맏이였다. 그는 이미 스무 살이 된 청년이었다. 에르네스토가 그라나도 3형제를 처음 알게 된 것은 학교 친구였던 토마스 그라나도와 친구가 되면서부터였다. 하지만 정작 에르네스토의 생애 전체에 걸쳐 일관된 우정을 나누게 될 사람은 자신과 나이 터울이 많이 나는 알베르토 그라나도였다.

당시 코르도바 대학에서 생화학과 약학을 전공하던 알베르토는 그 지방 럭비 팀인 에스투디안데스의 코치를 맡고 있었다. 키가 작아서 '페티소(땅딸이)'라는 별명이 붙은 알베르토는 키가 5피트도 채 되지 않았지만, 럭비 선수로서는 제격인 건장한 다리와 단단한 가슴을 가지고 있었다. 그리고 항상 멋진 유머 감각을 잃지 않았으며 포도주 애호가로 럭비뿐 아니라 문학에도 취미를 가지고 있었다.

에르네스토가 알베르토와 특별한 만남을 갖게 된 계기는 그라나도 형제들이 취미로 하고 있는 럭비 때문이었다. 영국에서 들어온 럭비는 당시 아르헨티나 사람들에게는 새로운 운동 종목이었다. 그라나도 형제들과 럭비 시합을 같이 다녀온 에르네스토는 자신도 럭비 선수가 되게 해 달라고 알베르토에게 졸라 댔다. 그러나 알베르토는 럭비라는 운동이 워낙 거칠고 힘든 운동이라 에르네스토를 쉽게 받아들일 수 없었다. 에르네스토를 다시 한번 천천히 훑어본 알베르토는 그가 럭비 선수로서는 도저히 어울리지 않는 체격을 가지고 있다고 생각했다. 팔만 보더라도 새 다리처럼 가늘었다. 알베르토는 에르네스토를 포기시킬 심산으로 이런저런 테스트를 해보았다. 럭비용 헬멧을 하나 던져 주고서 에르네스토에게 힘든 점프를 계속 시켰다. 에르네스토는 그야말로 죽을힘을 다해서 쉬지 않고 이쪽저쪽으로 몸을 굴려 댔다. 보다 못한 알베르토가 말릴 때까지 에르네스토는 전력을 다해 몸을 움직였다.

럭비팀 에스투디안테스의 선수가 된 에르네스토는 시합이나 연습에서 매번 겁 없는 돌격을 보여줌으로써 점차 팀 내에서 중요한 선수가 되었다. 그는 럭비공을 잡고 돌격할 때면 어김없이 "자, 엘

푸리분도 세르나가 나간다!"고 외쳤다. 그래서 동료들은 그 말을 줄여서 '푸세르(Fuser)'라고 불렀다. 한편 항상 다른 사람에게 다정다감하였던 알베르토는 '미 알베르토(mi alberto)'라는 말을 줄인 '미알(mial)'이라는 애칭이 붙어 다녔다.

알베르토가 에르네스토에게 자기보다 한참 나이 어린 동생의 친구이거나 자신이 맡고 있는 럭비팀의 선수라는 정도 이상의 관심을 보인 것은 어느 날 럭비 운동장에서의 일로 인해서였다. 그날 운동장에서는 에스투디안데스 팀의 연습 시간을 앞두고 다른 팀이 연습에 열중하고 있었다. 알베르토는 미리 운동장에 나와 조명이 있는 한구석에서 기다리고 있는 에르네스토를 발견하였다. 그때 에르네스토는 뭔가를 열심히 읽고 있었다.

알베르토가 다가가서 물었다.

"에르네스토, 너 지금 독서 중이구나. 혹시 방해한 것은 아니니?"

"아니, 전혀."

"그런데 무슨 책을 읽고 있는 거니?"

에르네스토가 책을 내민다.

"프로이트의 책 아냐?"

"맞아."

"아니, 네가 벌써 이런 책을 읽다니, 놀랍구나."

알베르토로서 정말 예상치 못한 일이었다. 그리고 이 일을 계기로 에르네스토와 진지한 대화를 나누면서 그가 얼마나 많은 독서를 했는지를 알게 되었고 경외감을 느낄 정도의 충격을 받았다. 당시 에르네스토의 독서 범위는 상당한 것이었다. 보들레르의 시를 줄줄 외고 있을 뿐만 아니라 뒤마와 베를렌, 에밀 졸라의 작품들은 원어인 프랑스어로 이미 다 읽은 상태였다. 게다가 사르미엔토의 《파쿤도(Facundo)》와 같은 아르헨티나의 고전 작품들을 비롯한 당시 미국의 신예 작가였던 윌리엄 포크너와 존 스타인벡의 작품까지도 두루 섭렵하고 있었다.

독서에 관해서는 누구에게도 지기 싫어했던 알베르토는 이 꼬마 녀석이 어떻게 이렇게 많은 책을 읽었는지 이해가 되지 않았을뿐더러 자신의 고유한 영역을 침해당했다는 모욕감마저도 들었다.

다소 의아하다는 듯한 말투로 알베르토가 물었다.

"네 나이에 맞지 않게 어떻게 책을 그렇게 많이 읽을 수 있었지?"

결코 자랑스러워하거나 뽐내는 말투는 아니었지만, 아주 분명한 어조로 에르네스토는 대답하였다.

"어릴 때부터 난 천식을 심하게 앓았어. 심지어는 며칠씩 거동조차 못 한 채 침대에만 누워 있어야 하기도 했어. 그래서 그 지루한 시간 동안 나는 자연스럽게 독서라는 친구를 얻게 된 거야."

"그러면 졸라의 소설이나 베를렌의 시는 어떻게 불어로 읽을 수 있었지?"

“그건 순전히 어머니의 덕택이야. 알다시피 내가 학교를 늦게 가게 되었잖아. 그동안 어머니께서 불어를 가르쳐 주셨어. 물론 그 이후에도 가끔씩 가르쳐 주셨고…….”

그제야 알베르토는 에르네스토가 겉으로 보이는 것과 달리 어떻게 그렇게 대범한 기질을 가지게 되었는지 이해가 되었다. 어릴 때부터 큰 병을 앓았지만, 오히려 그런 어려움을 극복하기 위해 자신의 육체적 한계를 시험하였던 에르네스토의 처지를 이해할 수 있을 것 같았다. 그리고 비록 에르네스토가 자신보다 훨씬 어리지만 그에게 존경심마저도 느껴졌다. 한없이 나약해질 수도 있는 조건을 역으로 정면 돌파하려는 에르네스토의 기질이야말로 여느 사람과 다른 그만의 특별한 자질임을 알베르토는 간파하였다. 밑으로 절벽만 보이는 협곡 사이에 이어진 가느다란 파이프를, 그것도 40미터나 되는 것을 대담하게 건너가는 등 무모한 에르네스토의 행동을 비로소 이해할 수 있었다. 이 만용에 가까운 에르네스토의 행동은 사진으로 남아 오늘날까지 그 시절에 보여 주었던 그의 대담함을 확인하게 한다.

속 깊은 대화가 이어지는 동안 두 사람 모두 서로에 대한 호감이 자연스럽게 싹트기 시작하였다. 그것은 두 사람의 각별한 우정으로 이어지는 계기가 되었다. 그렇다고 에르네스토와 알베르토가 모든 점에서 일치한 것은 아니었다. 알베르토는 아르헨티나의 정치 현실에 대해서 상당히 비판적이었으며, 그것을 행동에 옮기기도 하였다.

당시 아르헨티나는 수구 세력인 페드로 라미레즈가 정권을 장악하여 모든 반대 세력을 제거하고, 선거를 무기한 연기하고 있는 상태였다. 라미레즈는 국회마저도 해산시켰다. 페드로 라미레즈 정

권에 항거하는 저항 운동이 아르헨티나 곳곳에서 일어났으며 코르도바 역시 그런 소용돌이를 피해 갈 수 없었다. 코르도바에서도 교사들과 학생들이 거리로 뛰쳐나와 격렬한 반정부 시위를 벌였다.

1943년 11월 어느 날, 시위를 벌이던 알베르토는 시위 도중 다른 학생들과 함께 경찰에 붙들려서 투옥되었다. 에르네스토는 알베르토의 동생들과 함께 알베르토를 면회하였으며, 음식과 외부의 새로운 소식들을 전달해 주었다.

몇 주가 지났는데도 알베르토와 다른 학생들을 기소할 것인지 혹은 석방할 것인지에 대한 언급조차 없었다. 알베르토는 에르네스토에게 자신이 하는 일에 동참해 달라고 부탁했다.

"에르네스토, 며칠 후에 코르도바 거리에서 대규모의 반대 시가행진이 있을 거야. 너도 동참하지 않겠니?"

"알베르토, 난 동참하지 않겠어."

예상치 못한 에르네스토의 대답에 긴장한 알베르토가 물었다.

"왜?"

"시가행진 같은 건 백 번 해 봤자 아무런 효과도 없어. 만약 리볼버 총이라도 나한테 쥐어 준다면 몰라도."

훗날의 혁명가 체 게바라를 생각해 본다면 이 시기에 보여 준 에르네스토의 행동은 잘 납득이 가지 않을 수도 있을 것이다. 그렇지만 당시 에르네스토는 정치에 대해 냉소적이었다. 이것은 나중에 있었던 그의 술회를 통해서도 확인된다. 체 게바라는 "당시 저는 사회나 정치에 대해서는 그다지 관심을 갖고 있지 않았습니다."라고 인정하였다.

여하튼 이런 대화가 있고 난 몇 달 후인 1944년 초에 알베르토는 석방되었다. 의견 차이가 있었음에도 알베르토와 에르네스토의 우정은 그 이전과 마찬가지로 변함없이 지속되었다. 우정은 정치적 이념의 대립이나 갈등보다 앞선다는 사실을 그들은 잘 보여 준다. 그들의 우정은 에르네스토가 체 게바라가 된 이후에도, 그리고 볼리비아의 낯선 땅에서 뜻하지 않은 죽음을 당한 그 순간까지도 변하지 않고 지속되었다.

청소년 에르네스토, 의대생이 되다

에르네스토는 이제 완연한 십 대에 들어섰다. 그가 아무리 책과 운동에 미쳐 있었다 하더라도 자신과 다른 성에 대한 호기심을 쉽게 억제할 수는 없었다. 성적 호기심은 에르네스토가 정상적인 십 대가 되었다는 또 다른 표시이기도 하였다. 이런 성적 호기심 때문에 그의 독서 범위 역시 자신의 성적 충동을 충족시킬 수 있는 내용의 책으로까지 확장되었다. 그는《천일야화》라는 고전 성애 소설을 친구에게서 빌려 읽음으로써 어느 정도 성적 호기심을 충족시켰다. 하지만 다른 십 대 남자아이들과 마찬가지로 에르네스토 역시 상상만으로 만족하지 못하고 직접 현실 속에서 자신의 성적 충동을 해결하고픈 바람을 가지고 있었다.

당시 아르헨티나 사회의 분위기는 가톨릭 전통이 남아 있었던지라 결혼과 성에 대해서 엄격하였다. 여자들은 이혼할 권리조차 없었으며 양갓집 규수라면 당연히 혼전 순결을 지켜야 하는 것으로 여겼다. 당시 여자아이들이 기껏해야 할 수 있는 이성 교제라고는 춤추거나 대화하거나 차를 마시는 것이 전부였다. 밤늦게 귀가하는 것도 절대로 허용되지 않았다. 이런 엄격한 사회적 분위기 탓에 남자아이들과 자유롭게 교제하거나 성적 접촉을 한다는 것은 상상도 못 할 일이었다.

그래서 에르네스토와 같은 사내아이들이 실제로 성적 접촉을 할 수 있는 기회는 그들과 함께 학교를 다니는 여학생들로부터는 찾을 수 없었다. 그들이 성적인 욕구를 배출할 수 있는 대상은 자신들보다 낮은 계급의 여자들 속에서 찾아야 했다. 그들은 사회적 특권과 경제적 차이가 주는 묘한 우월감을 활용해서 여자들과 성관계를 가졌다. 당시 아르헨티나에서 에르네스토와 같은 남자아이들이 손쉽게 찾을 수 있는 첫 성 경험의 대상은 아르헨티나 북부 지방 출신의 인디오이거나 혹은 가난한 메스티자(백인과 인디오의 혼혈)였던 집안의 하녀들이었다.

에르네스토의 첫 성 경험은 그의 먼 친척이자 친구였던 페레르의 소개로 이루어졌다. 페레르는 '라 네그라'라고 불리는 자신의 하녀와 에르네스토가 성관계를 맺도록 주선해 주었다. 당시 에르네스토의 나이는 고작 열세 살 내지는 열네 살에 불과하였다. 에르네스토가 처음 성관계를 가졌을 때 페레르와 다른 친구들이 방문에 난 열쇠 구멍을 통해 그 모습을 지켜보았다. 그 사실을 에르네스토가 모를 리 없었다. 그런데 라 네그라의 몸을 감싸고 있던 에르네스토는 애무에 열중하다가도 간간이 천식 때문에 숨이 가빠질 때면 흡입기에 입을 갖다 대곤 했다. 이 일 때문에 에르네스토는 이후에도 오랫동안 친구들로부터 놀림을 받아야 했다.

에르네스토는 가끔 전혀 예상치 못한 말이나 행동으로 주변 사람들을 놀라게 하곤 했다. 다른 사람에게 기괴한 사람으로 보이려고 억지로 꾸며댄 적도 있었다. 가령 얼마나 오랫동안 목욕을 안 했는지에 대해서 자랑스럽게 떠들어 대곤 하였다. 또 럭비팀의 동료들에게 "난 벌써 25개월 동안이나 럭비 셔츠를 빨지 않은 채 입고 있어."라고 천연덕스럽게 떠들었다. 그래서인지 주변 친구들은 그를 '엘 로코(미친 녀석) 게바라'라고 불렀다. 게다가 에르네스토는 돼지라는 뜻의 '찬초'라는 별명도 가지고 있었다. 하지만 에르네스토는 결코 이 별명을 창피하게 여기거나 듣기 싫어하지 않았다. 오히려 에르네스토는 이런 별명들을 당당하게 밝히며 자랑스러워하였다. 그는 대학생이 되어서도 '찬초'라는 별명을 자신의 필명으로 사용하기도 하였다.

에르네스토의 이런 엉뚱한 기질은 1947년 새해 첫날의 사건에서도 엿볼 수 있다. 그날 에르네스토는 식구들이 다 모인 자리에서 전혀 예상치 못한 말을 꺼냈다.

"실은…… 제가 말이죠, 이미 부에노스아이레스 의과대학에 지원했습니다."

1946년 열여덟 살의 에르네스토는 이미 데안 푸네스 대학에 합격한 상태였다. 그는 아버지의 뜻에 따라 그곳에서 토목 분야를 전공할 계획을 이미 세워 놓았다. 그런데 식구들과 한마디 상의조차 없이 의과대학에 지원했다고 전한 것이다. 물론 의과대학에 진학하여 의사가 되려는 에르네스토의 계획에 반대하는 식구들은 없었다. 게바라 부부로서는 아들의 이런 계획이 오히려 기특했다. 그가 훌륭한 의사가 되어 많은 사람을 돌볼 수 있다면 그것 역시 아주 의미 있는 삶이 될 수 있을 테니까. 게다가 오늘날과 마찬가지로 당시 아르헨티나 사회에서도 의사는 사회적으로 대접받는 직업이기도 하였다.

부에노스아이레스 의과대학에 당당히 합격한 에르네스토는 1947년 신학기에 부에노스아이레스로 간다. 의과대학의 교과 과정은 다른 학과의 교과 과정보다 부담이 더 크다는 사실은 누구나 다 알고 있을 것이다. 에르네스토는 이 어렵고 빡빡한 과정들을 따라가기 위해서 열심히 공부하였다. 하지만 어릴 때부터 줄곧 계속되었던 운동에 대한 집착은 여전하였다. 대학에서 에르네스토는 럭비와 수영에서 두각을 나타내었다. 그리고 럭비팀의 동료들과 함께 〈태클〉이라는 럭비 관련 잡지를 발간하기도 하였다.

알베르토와 여행 계획을 세우다

2학년이 되던 1948년에는 그의 가족들이 모두 부에노스아이레스로 이주했다. 가족과 헤어진 지 1년 만에 다시 재회한 것이다. 하지만 모든 식구가 같이 살 수 있었던 것은 아니었다. 그때는 이미 어머니 셀리아와 아버지 게바라 린치가 이혼하고 난 후였기 때문이다.

가정 내의 이런 변화와 상관없이 에르네스토의 학업은 성공적으로 진행되었다. 성적에서 두각을 나타내기 시작했던 게바라는 당시 알레르기학에서 세계적인 권위를 인정받고 있던 살바도르 피사니 박사의 연구실에서 일할 기회를 얻었다.

그러던 어느 날 알베르토로부터 뜻밖의 제안을 받는다. 당시 알베르토는 이미 의과대학을 졸업하고 의학 박사 학위를 받아 코르도바 북쪽 지방인 산프란시스코데차나르 나환자 병원에서 근무하고 있었다. 알베르토는 에르네스토에게 자신이 근무하는 나환자 병원에서 방학 동안 일을 해 보지 않겠냐는 제안을 하였다. 산프란시스코데차나르 나환자 병원은 부에노스아이레스로부터 850킬로미터나 떨어진 곳에 있었다. 에르네스토는 주저하지 않고 자신의 전동 자전거를 몰아 알베르토가 있는 나환자 병원으로 향하였다.

고작해야 시속 4, 50킬로미터밖에 되지 않는 전동 자전거를 타고 여행을 하면서 에르네스토는 지금껏 보지 못했던 장면들을 볼 수 있었다. 온통 먼지를 뒤집어쓰고 제대로 씻지도 못한 에르네스토의 행색은 거의 거지나 다름없었는데, 챙이 있는 모자에 검은 선글라스를 끼고 있어 가장 친한 친구조차도 그를 알아보지 못할 정도였다. 이윽고 에르네스토는 알베르토가 근무하는 산프란시스코데차나르 나환자 병원에 도착하였다.

병원에 있던 알베르토는 창문을 통해 누군가가 병원 문 앞에서 전동 자전거를 멈추는 장면을 목격하였다. 그 전동 자전거의 주인이 자전거를 세워 놓고 병원으로 들어왔다. 알베르토는 병원 현관으로 나가 보았다. 아닌 게 아니라 전동 자전거의 주인이 병원에 들어서서는 자신을 찾고 있었다.

"혹시 이 병원에 의사 알베르토 그라나도라는 분이 계시지 않나요?"

알베르토는 혹시나 하는 맘이 들면서도 조심스럽게 대답했다.

"네, 제가 알베르토인데요……."

말이 떨어지기가 무섭게 에르네스토가 선글라스를 벗으며 말했다.

"나야, 알베르토!"

"아, 이런, 푸세르! 너로구나."

그들은 가볍게 포옹하였다. 이렇게 에르네스토는 알베르토와 다시 재회하였다.

산프란시스코데차나르 나환자 병원에서의 경험은 에르네스토가 일반 민중의 삶을 이해하는 데 큰 도움이 되었다. 그는 나환자 병원에 입원해 있는 수많은 환자와 환자 가족의 비참한 삶을 직접 눈으로 보고 겪었다. 스무 살을 갓 넘은 청년 에르네스토는 이들을 열심히 돌보아 주었다. 열정과 뜨거운 피가 넘쳐나던 에르네스토는 환자에게 특별한 애정을 보였는데, 심지어 어떤 소녀 환자에 대해서는 사적인 감정까지 품기도 하였다.

예쁜 소녀 나환자에게 특별한 감정을 품었던 에르네스토는 알베르토가 베풀어 주는 자신의 환송 파티에 꼭 그녀를 참석시켜 달라고 부탁하였다. 그러나 서로에게 상처를 남기게 될 것이 틀림없다고 판단한 알베르토는 단호하게 거절하였다. 게다가 한술 더 떠서 그 여자가 심한 나환자라는 사실을 에르네스토에게 분명하게 각인시켜 주었다.

알베르토는 그녀를 불러서 에르네스토가 보는 앞에서 엄청 뜨거운 물에 손을 담그도록 하였다. 그 뜨거운 물에 손을 담근 여자는 아무런 반응을 보이지 않았다. 그녀가 얼마나 심한 나병 환자인지 증명된 것이었다. 여자 환자를 내보내고 나서 알베르토가 말했다.

"똑똑히 봤지?"

알베르토의 행동을 본 에르네스토가 가만히 있을 리가 없었다.

"형의 행동이 옳다고 생각해? 너무 잔인해. 형은 변했어. 예전에 내가 알고 있던 '미알'이 더 이상 아닌 것 같아."

에르네스토의 비난을 받았지만 알베르토는 자신의 행동이 결국은 그 여자 환자나 알베르토에게 도움이 되는 것이라고 믿었다.

다시 부에노스아이레스로 돌아온 에르네스토는 운동과 공부에 더욱 몰두하였다. 독서 역시 게을리하지 않았다. 그는 어느 순간에도 책을 손에서 놓은 적이 없다. 나중에 게릴라가 되어 쿠바의 산악 지방이나 볼리비아의 험난한 지형에서 외로운 투쟁을 벌일 때에도 매일 밤 거의 하루도 쉬지 않고 책을 읽었다. 이런 에르네스토의 균형 잡힌 독서열과 집중력, 그리고 남다른 자제력 덕분에 그는 1951년 그 어려운 학기말 시험을 무난히 통과하였다. 그는 이미 학교에서도 촉망받는 재원으로 인정받고 있었다.

페론(아르헨티나의 전 대통령)이 감옥에서 석방된 것을 기념하는 날인 그해 10월 17일, 에르네스토는 코르도바에 갔다. 알베르토의 집에서 마테를 마시면서 에르네스토와 알베르토는 그동안 자신들에게 일어났던 여러 가지 일에 대해서 이야기하고 있었다.

"그때 나환자 병원에 다녀온 이후로 따분하고 재미없는 학교생활만 반복되었어."

에르네스토가 푸념 조로 자신의 생활에 관한 이야기들을 털어놓았다.

그러자 알베르토가 한술 더 떠서 말을 이어 나갔다.

"나환자 병원을 어쩔 수 없이 그만두고 난 후 에스파뇰 병원에서 근무하게 되었지. 그런데 이곳은 임금도 형편없고 모든 게 엉망이라구. 차라리 나환자 병원에서는 일하는 보람이라도 있었는데……."

"형도 그렇구나. 단조롭고 반복되는 일상만이 우리를 기다린다고 생각하면 숨이 막혀."

이런 얘기를 하면서 그들은 다른 세계에 대한 상상으로 이야기 주제를 옮겨 갔다. 유럽 사람들은 어떨까, 혹은 미국 사람들의 생활이나 그곳의 모습은 어떨까? 하는 등등의 이야기들로. 그때 갑작스럽게 알베르토가 말을 꺼냈다.

"그래, 우리 북아메리카에 가 보는 게 어때?"

"북아메리카로?"

"그래, 진짜 가 보는 거야."

들뜬 알베르토가 자신의 오토바이인 포데로사II를 만지작거렸다. 그리고 다시 내뱉었다.

"이 포데로사를 타고 북아메리카로 떠나는 거야."

이 말을 들은 에르네스토는 여행을 하고 있는 자신들의 모습을 상상해 보았다.

"그래, 좋은 생각이야. 못할 것도 없지."

그들의 결정은 아주 즉흥적으로 이루어졌다. 앞으로 겪게 될 여행이 그들의 인생에서 얼마나 중요한 경험이 될 것인지 전혀 모르는 채였다. 특히 에르네스토에게 이 여행은 삶을 완전히 뒤바꿀 만한 엄청난 계기가 될 것이었다. 에르네스토는 나중에 자신의 일기에서 이날을 이렇게 회고하였다.

"당시만 하더라도 우리는 우리의 도전이 갖는 중대함을 전혀 몰랐다. 우리가 볼 수 있었던 것이라곤 우리 앞에 놓인 먼지투성이의 길과 북쪽으로 난 길을 빠르게 달릴 우리의 포데로사뿐이었다."

하지만 그들은 이 여행을 통해서 아메리카 대륙의 기층 민중의 삶을 직접 목격하고 자신의 뿌리가 무엇인지를 명확하게 깨닫게 된다. 그리고 북아메리카(즉, 미국과 캐나다)를 제외한 아메리카 대륙 전체가 얼마나 소외받고 있는지, 또 얼마나 제국주의자들의 간교한 속임수에 놀아나고 있는지에 대해서도 분명하게 깨닫게 된다.

알베르토와 함께한 5개월간의 여행은 에르네스토가 아메리카의 역사와 정치 현실에 대해 눈을 뜨게 되는 결정적인 계기가 되었다.

나중에 에르네스토의 아버지 게바라 린치는 아들의 이 긴 여행에 대해서 이렇게 평가하였다.

"에르네스토와 그의 친구 알베르토는 신대륙 정복자들의 길을 따라갔다. 후자가 정복에 목말라 했던 반면 두 사람은 그들과는 전혀 다른 목적을 가지고 똑같은 길을 갔던 것이다."

2장

운명을 바꾼 아메리카 대륙의 여행

사랑을 바닷가에 묻고 여행을 떠나다

1951년, 에르네스토는 젊고 매력적인 아가씨와 교제를 하고 있었다. 에르네스토의 마음을 완전히 사로잡은 이 여인은 코르도바 출신의 치치나 페레이라였다. 당시 페레이라 집안은 근동에서 손꼽히는 부자인 데다 유명한 귀족 집안이었다. 치치나의 아버지 페레이라 남작은 자신의 사랑하는 딸이 한갓 의학도에 불과하며 특별히 내세울 것이 없는 집안의 에르네스토와 사귀는 것을 탐탁하게 생각하지 않았다.

반면 에르네스토 식구들의 반응은 달랐다. 이제껏 그토록 진지하게 여성과 교제하는 것을 본 적이 없는 게바라 부부는 그들의 맏아들이 치치나와 결혼하게 될 것이라고 믿고 있었다. 치치나와 얼마나 깊은 관계였는지는 정확하게 알려져 있지 않지만, 에르네스토 식구들의 반응을 미루어 짐작하건대 두 사람은 상당히 친밀한 관계를 유지하고 있었음이 틀림없다. 특히 아버지인 게바라 린치는 두 사람의 교제에 대해서 유난히 우호적인 태도를 보였을 뿐만 아니라, 아들의 미래에 대해 은근한 기대도 가지고 있었다. 그러던 어느 날 에르네스토가 남아메리카 전역을 여행하겠다는 폭탄 같은 발언을 하였다.

"저 베네수엘라를 여행할 거예요."

아들의 뜬금없는 발언에 당황한 게바라 린치가 물었다.

"얼마나 걸릴 것 같은데?"

"넉넉잡아 한 일 년쯤은 걸릴 것 같아요."

외국으로의 급작스러운 여행도 놀랄 만한 일인데 그것도 1년씩이나 걸린다는 말에 아버지가 아연실색하며 되물었다.

"그럼 여자 친구는 어쩌고?"

아버지 게바라 린치의 이 질문에는 아들의 결심을 막아 보겠다는 막연한 희망이 담겨 있었다. 게바라는 천식 환자이기 때문에 머나먼 객지를 떠돌다가 어떤 일을 당할지도 모르지 않는가? 게바라의 폭탄선언은 아버지에게 커다란 걱정거리를 안겨주었다. 그렇다고 건강 때문에 여행을 허락할 수 없다는 식으로 말할 수도 없는 노릇이었다. 그래서 여자 친구를 빗대어 넌지시 아들의 마음을 돌려 보려는 질문을 던졌던 것이다. 그러나 기대와 달리 에르네스토의 대답은 너무나 단호했다.

"그녀가 절 사랑한다면 기다려 줄 거예요. 아니면 할 수 없는 노릇이고요."

아들의 고집이 얼마나 센지를 익히 알고 있던 터라 반대해 보았자 아무런 소용이 없다는 것을 아버지는 너무나 잘 알고 있었다. 게바라 린치가 의아했던 것은 어느 한 곳에 빠지면 걷잡을 수 없이 몰입하는 에르네스토가 그렇게 열중하던 자신의 여자 친구를 떠나 있을 수 있을까 하는 것이었다. 게바라 린치는 치치나와의 연애가 에르네스토를 완전히 다른 사람으로 변하게 할 것이라고 믿고 있었다. 그러나 이제 에르네스토가 여자 친구를 떠나 여행을 결심할 정도라면 그 결심 속에는 뭔가 또 다른 열정이 숨어 있을 것이 틀림없었다. 게바라 린치는 당시로써는 그것이 정확히 무엇인지 알 수가 없었다. 어쩌면 에르네스토 자신도 그 열정의 실체를 모르고 있었던 듯하다.

아들의 여행 선포가 있고 난 후 속만 끓이던 게바라 린치는 어느 날 알베르토와 함께 있는 아들을 한쪽으로 데리고 가서 조용하게 말했다.

"아들아, 여행을 하게 되면 많은 힘든 일이 네게 닥칠 거야. 그것이 걱정되는구나. 하지만 너의 결심을 굳이 막지는 않겠다. 왜냐하면 네가 하려는 일은 예전부터 나 자신도 꼭 해 보길 꿈꾸던 일이기도 하기 때문이야. 하지만 이것만은 명심하거라. 네가 밀림에서 길을 잃거나 소식이 끊어진다면 나는 네 소식을 들을 수 있을 때까지 지구 끝이라도 찾아 헤맬 것이다. 만약 널 찾지 못한다면 나 역시 집으로 돌아오지 않을 테고."

아버지의 비장한 말을 들은 에르네스토가 그를 안심시키듯이 대답하였다.

"아버지의 말씀이 진실이라는 것을 너무나 잘 알고 있어요. 물론 그 말씀에 어떤 의도를 담고 있는지도요. 걱정하지 마세요. 이제 저도 스스로 저 자신을 잘 돌볼 수 있으니까요."

"그렇다면 이 약속만은 지키거라. 네가 가는 곳마다 소재를 알리고, 정기적으로 편지를 보내거라."

에르네스토가 자신 있게 대답하였다.

"네, 반드시 그렇게 하겠어요."

책임지지 않을 말은 하지 않는 아들의 성격을 잘 알고 있는 아버지는 에르네스토의 자신 있는 대답에 속으로 만족하였다. 부자는 다시 알베르토가 있는 곳으로 갔다. 그곳에서 게바라 린치는 다시 한 번 알베르토에게 당부하였다.

"알베르토, 이 여행을 계획하고 거기에 내 아들을 끌어들인 것도 바로 너잖아. 그러니까 최소한 두 가지만은 지켜야 할 것이 있다."

알베르토는 겸연쩍은 미소를 지으며 게바라 린치의 말을 계속 듣고 있었다.

"먼저, 에르네스토가 의사 자격시험을 보기 전까지는 돌아와야 한다. 그리고 또 한 가지, 에르네스토의 천식 환자용 흡입기를 절대로 잃어버려서는 안 된다."

알베르토와 에르네스토는 몇 번이고 아버지의 당부 사항을 반드시 지킬 것이라고 약속하였다.

1951년 12월 29일, 알베르토와 에르네스토는 여행에 필요한 짐을 꾸렸다. 알베르토가 애지중지하는 오토바이 포데로사 위에 텐트와 침낭, 옷가지, 사진기, 몇 권의 책과 필기도구들, 지도 등을 담은 커다란 가방을 실었다.

한술 더 떠서 에르네스토가 말했다.

"바비큐 도구도 챙기자. 혹시 밀림에서 짐승을 잡게 될지도 모르잖아."

알베르토는 주저 없이 바비큐 도구를 챙겨 넣었다. 이제 떠날 준비는 다 되었다. 알베르토는 오토바이의 시동을 걸고 먼지를 날리며 거리를 달리기 시작했다. 드디어 여행의 첫발을 내딛기 시작한 것이다. 너무 많은 짐을 실어서 그런지 속도를 낼 때마다 포데로사의 앞바퀴가 조금씩 들렸다. 그렇지만 여행의 흥에 들떠 있던 에르네스토와 알베르토에게 그것은 오히려 기분을 더 들뜨게 만드는 것이었다.

1952년 1월 4일, 그들은 남부의 해변 도시인 미라마르에 도착했다. 미라마르는 에르네스토의 여자 친구 치치나 페레이라가 살고 있는 곳이었다. 미라마르는 오늘날 서핑으로 유명한 세계 최고의 해변 휴양지 중 하나인데, 당시에도 상류층들이 여름 한철 묵고 가는 해변 휴양지였다. 에르네스토는 여행을 시작하기에 앞서 치치나의 동의를 얻어야만 했다. 물론 이미 장기간에 걸친 여행을 결심했던 터이지만, 에르네스토의 마음 한구석에는 치치나가 극구 반대한다면 여행을 포기할 수도 있다는 여지를 남겨 두고 있었다. 게다가 이미 이곳에 도착하는 과정에서 앞으로의 여행이 얼마나 험난할 것인지 충분히 예감했던 터라 치치나의 뜻이 이 여행의 진행 여부를 결정할 수도 있는 상태였다.

에르네스토와 알베르토는 치치나의 집에 가기 전에 시장에 들렀다. 그곳에서 에르네스토는 치치나에게 선물로 가져갈 강아지 한 마리를 샀다. 에르네스토는 그 강아지의 이름을 '컴백(come back)'이라고 지었다. 여자 친구인 치치나에게 다시 돌아올 자신의 상황을 빗대어서 지은 이름이었다.

미라마르에서의 체류는 그들에게 썩 유쾌한 것만은 아니었다. 치치나의 식구들은 귀족 집안답게 정치적으로 상당히 보수적이었다. 언젠가 한번은 영국의 처칠 수상을 비난했다는 이유만으로 페레이라 남작이 에르네스토를 불순한 공산주의자로 취급하였을 정도였다. 호사스러움에 빠져서 민중의 삶에 대해서는 전혀 배려도 하지 않았던 그들의 태도에 에르네스토와 알베르토는 적잖은 반감을 느끼고 있었다. 그래서 그들은 앞으로 서민들을 위해서 의료 활동을 펼치겠다는 뜻을 노골적으로 드러내었다. 물론 치치나의 식구들이나 그 주변의 상류층 사람들의 심기를 억지로 건드리려는 의도는 아니었지만, 노동에 대한 천대나 자신보다 낮은 계급 사람들에 대한 편견에 대해서는 거의 본능적으로 반감을 표시할 수밖에 없었다. 이미 급진적인 정치적 입장을 표방하였던 알베르토로서는 그런 태도가 당연한 것이었다. 에르네스토 또한 자기 생각이나 정치적 입장이 점차 확고하게 억압받는 기층 민중에게로 기울어지는 것을 느끼고 있었다.

치치나와 에르네스토 사이에는 팽팽한 신경전이 벌어졌다. 자존심이 강한 치치나는 노골적으로 에르네스토를 만류하려 하지는 않았지만 미묘한 뉘앙스가 담긴 말들을 에르네스토에게 던졌다. 에르네스토는 치치나와 보내는 날들이 달콤하게 느껴졌다. 그렇지만 한편으로는 떠나야 한다는 알 수 없는 사명감이 그의 목덜미를 끌어당기는 것 같았다.

자신의 동행인이 갈등하고 있는 것을 눈치챈 알베르토는 에르네스토의 선택에 영향을 끼칠 아무 말도 하지 않았다. 오직 묵묵하게 지켜보고만 있었다. 그러면서도 약간의 위협을 느끼고 있었다. 알베르토는 혼자서 아메리카 대륙의 도로 곳곳을 누비는 광경을 머릿속에 그려 보면서 만일의 사태에 대비한 마음의 준비를 단단히 하고 있었다.

생각을 정리해 보려고 바닷가로 나간 에르네스토는 드디어 마음을 정했다. 황량한 해변의 광경과 차가운 바람이 그의 머리를 세차게 때렸다. 가느다랗지만 날카로운 한 줄기의 바닷바람이 에르네스토의 머리를 휘저으면서 지나갔다. 마치 어떤 계시처럼. 무엇인가에 머리를 한 대 얻어맞은 느낌이 든 에르네스토는 그제야 깨달았다는 듯이 말했다.

"저 호사로운 부르주아지 소굴 속으로 들어가서 영혼을 갉아먹으면서 사는 것은 결코 내가 가야 할 길이 아냐."

에르네스토는 그 길로 모래땅을 박차고 일어나서 알베르토에게로 향했다. 떠날 결심이 선 것이다. 그는 그 길로 당장 떠나자고 알베르토에게 말했다.

알베르토가 말했다.

"네 뜻이 그렇다면야 지금 떠나도 좋지만……."

"좋지만, 뭐?"

"이별의 징표라도 받아야 하지 않겠니? 안 그러면 평생 후회할지도 모를 텐데 말야."

에르네스토는 알베르토의 충고에 따르기로 하였다. 그는 마지막으로 치치나 앞에 섰다. 그리고 그녀의 손을 잡아당기면서 완곡하게 부탁하였다.

“치치나, 그 팔찌 말야. 나를 지켜 주고 너를 기억할 수 있도록 내게 주면 안 될까?”

치치나는 자신의 팔찌를 천천히 빼서 이제 헤어지게 될 자신의 남자 친구에게 주었다. 나중에 팔찌를 보게 된 알베르토는 그것이 얼마나 비싼 것인지 알고 놀란다.

치치나의 팔찌를 받았을 때 에르네스토는 이미 그녀를 자신의 마음에서 꺼내 바닷가에 묻은 후였다. 그는 결코 자신의 선택을 후회하지 않았다. 아니, 오히려 그런 선택을 한 자신에 대해서 너무나 자랑스러워하였다. 그리고 지옥의 변방으로부터 자신을 구해 준 그 바닷바람에 감사하였다.

춥고 배고픈 아르헨티나 여행길

미라마르를 떠난 알베르토와 에르네스토가 다음 여행지로 정한 곳은 알베르토의 옛날 대학 친구가 병원을 경영하고 있는 네코체아였다. 그들이 친구의 집에 도착한 것은 아침이었다. 마침 식사 시간이라 맛있는 음식을 배불리 먹을 수 있었다. 알베르토의 친구는 두 사람을 극진하게 환대해 주었다. 하지만 친구의 부인은 조금 달랐다. 두 사람의 자유분방함에 대해 못마땅해하였다. 혹시라도 그런 자유분방함이 전염병처럼 자신의 남편에게 퍼지지나 않을까 하는 두려움 때문이었다.

그녀가 하는 말 속에는 언제나 '왜'라는 질문이 포함되어 있었다. 그들에게 그녀와의 대화는 끔찍한 일이 되었다. 그녀는 그들을 정중하게 대했지만 항상 경계심과 냉담함을 품고 있었다. 지독한 공처가였던 알베르토의 친구는 결국 그녀 편으로 기울어지고 말았다. 사흘 정도 머물고 난 후 그들은 그동안의 안락함을 제공한 친구 부부에게 감사하면서도 한편으로는 해방감을 느끼면서 친구의 집을 떠났다.

이번에는 남쪽에 위치한 항구 도시 바이아블랑카로 향했다. 그곳에는 에르네스토의 친구들이 있었는데, 이들 역시 두 사람을 극진히 대접하였다. 두 사람은 며칠을 어슬렁거리며 지냈다. 그리고 포데로사도 수리하였다. 하지만 그들이 가진 돈은 벌써 서서히 바닥을 드러내고 있었다. 돈에 대한 걱정 없이 지낼 수 있는 마지막 순간이 지나고 있었다.

바이아블랑카를 떠나기 전날 밤, 에르네스토는 갑작스러운 고열에 시달렸다. 에르네스토가 다음 날 낮까지 침대에서 일어날 수 없었기 때문에 그들은 오후 3시가 되어서야 출발하였다. 그때까지도 태양은 식을 줄 모르고 이글대며 열을 발산하고 있었다. 지나치게 무거운 짐을 실은 포데로사는 모래 언덕을 지나면서부터 제대로 조종이 되지 않았다. 핸들은 제멋대로 움직이고 몸체는 몇 번이고 모래 바닥에 주저앉았다. 알베르토는 모래 언덕에서 포데로사와 집요한 싸움을 벌여야 했다. 결국 평지로 빠져나온 후 알베르토는 자신이 모래와의 싸움에서 승리했다고 자랑하였다.

평지로 나온 이후에는 에르네스토가 포데로사를 운전하였다. 그는 모래 언덕에서 낭비한 시간을 보충하기 위해서 속력을 냈다. 그런데 고운 모래가 깔린 굽은 도로를 겁 없이 달리던 포데로사가 결국 뒤집히고 말았다. 알베르토는 상처 하나 입지 않고 무사하였으나 에르네스토는 실린더에 발이 끼여 검게 그을렸다.

엎친 데 덮친 격으로 얼마 후에는 엄청난 폭우가 내리기 시작했다. 그들은 쉴 곳을 찾기 위해서 근처 농장으로 향했다. 그러나 농장 울타리에 다다르자 이제는 300미터 정도 되는 진흙투성이 길을 지나야 했다. 겨우 300미터밖에 안 되는 진흙투성이 길을 벗어나는 데 두 시간이나 걸렸다. 그때까지의 여행 중에서 그날은 최악의 날이었다. 하루 동안 무려 아홉 번이나 포데로사에서 떨어졌으니까 말이다.

다음 날 그들은 아침 일찍 일어났다. 그런데 마테를 마시려고 물을 뜨러 갔을 때, 에르네스토는 오한이 들면서 이상한 느낌에 사로잡혔다. 이윽고 10분도 채 되지 않아서 마치 신들린 사람처럼 몸을 떨기 시작했다. 가지고 있던 알약도 아무런 소용이 없었다.

가까스로 알베르토의 등에 기댄 채 포데로사에 올라탄 에르네스토는 비몽사몽간에 콜레코엘에 도착했다. 그곳에서 그들은 곧장 바레라 박사를 찾아갔다. 그는 한 병원의 원장인 동시에 하원 의원이었다. 그들의 신분이 의사임을 알게 된 바레라 박사는 특별한 관심을 보이면서 환대해 주었다. 그는 에르네스토에게 페니실린을 주사했다. 그러자 몇 시간도 채 안 되어서 열이 떨어졌다.

다음 날 진료 후 에르네스토가 바레라 박사에게 말했다.

"이제 다 나은 것 같군요. 떠나도 되겠지요?"

바레라 박사는 에르네스토가 의사라는 사실을 무시하듯 이렇게 대답했다.

"독감은 휴식이 필요하다네."

두 사람 사이에는 며칠 동안 똑같은 질문과 대답이 반복되었다. 바레라 박사가 에르네스토를 좀 더 붙잡아 두려는 데에는 이유가 있었다. 감기 정도가 문제가 아니라 에르네스토의 기력이 많이 떨어져 있었기 때문에 몸 상태를 회복하기 위해서는 충분한 휴식이 필요했던 것이다. 어느 날 그들이 떠난다고 하자 바레라 박사는 더 이상 붙잡지 않았다. 그들은 다음 목적지인 호수로 향했다.

산마르틴데로스안데스로 가는 길은 험난하였다. 포데로사는 안데스 산맥의 산기슭 사이사이의 언덕을 휘감은 굽은 길들을 헤쳐 나갔다. 산마르틴데로스안데스는 라카르 호수에 잠겨 있는 듯한 신비로운 모습을 하고 있었다. 안데스 산맥에서 본 라카르 호수는 산마르틴데로스안데스 전체를 덮고 있는 듯 보였다. 라카르 호수는 둘레가 35킬로미터나 되는 엄청난 위용을 자랑하고 있었다. 그들은 산마르틴의 한 병원을 찾아가서 하룻밤 묵게 해 달라고 간청해 보았다. 그렇지만 그들의 시도는 수포로 돌아가고 말았다.

에르네스토와 알베르토는 국립공원 사무실에서도 똑같은 시도를 하였다. 공원의 관리자는 그들이 공구 보관 창고에서 잠을 자도록 허락했다. 그때 '돈 페드로 올라테'라는 야간 경비원이 그곳에 도착했다. 그는 140킬로그램의 거구에 쌀쌀한 표정을 하고 있었다. 하지만 그는 뜻밖에도 매우 친절한 사람이어서, 그들에게 그의 오두막에서 요리할 수 있도록 배려해 주었다.

다음 날 고기를 사서 호숫가를 여행하였다. 호수는 어마어마한 원시림에 둘러싸여 있었다. 그것은 백인의 침략을 받기 전 순수한 아메리카 대륙의 모습과도 같았다. 에르네스토는 잠시 동안 이 호수에 머물러 사는 상상을 해 보았다. 하지만 그 모습은 그가 생각해도 좀 어색하게 느껴졌다. 그는 끊임없이 새로운 곳을 찾아 나서도록 운명지어져 있었으며, 스스로 그 운명을 조금씩 깨달아 가고 있었던 것이다.

그들은 해질녘이 되어서야 숙소로 돌아왔다. 이미 해는 기울어져 어둠이 깔리고 있었다. 그런데 숙소로 돌아온 그들 앞에 의외의 반가운 일이 기다리고 있었다. 야간 경비원 돈 페드로 올라테가 그들이 돌아올 시간에 맞춰 바비큐를 준비해 놓았기 때문이다. 그들은 고기와 맛있는 포도주를 실컷 먹었다.

그때 올라테가 그들에게 솔깃한 제안을 했다. 돌아오는 일요일에 마을의 경주로에서 열리는 자동차 경주의 운전사들을 위한 바비큐 파티 준비를 부탁받았는데 두 사람의 조수가 필요하다는 것이었다. 올라테는 비록 돈을 받지 못하더라도 고기와 포도주는 원없이 먹을 수 있을 것이라고 귀띔해 주었다. 배고픈 여행자 에르네스토와 알베르토에게는 더없이 기쁜 제안이었다. 그들은 일요일이 되기를 기도하는 심정으로 기다렸다.

에르네스토 일행은 일요일 새벽 여섯 시부터 화물차에 바비큐용 장작을 싣기 시작했다. 그들은 경주를 끝낸 사람들이 고기를 맛있게 먹는 밤 열한 시까지 열심히 일하고 미리 세웠던 계획을 실행하기 시작했다. 에르네스토는 술 취한 사람처럼 비틀거리면서 시냇가로 갔다. 가죽 재킷 속에 포도주 한 병을 감춘 채. 에르네스토는 이런 일을 다섯 번이나 반복했다. 그는 매번 포도주 한 병씩을 가져다가 시원해지도록 흐르는 물에 담그고 버드나무 가지로 보이지 않게 덮어 두었다.

파티가 끝나고 짐을 싼 화물차마저 떠난 후 그들은 포도주를 감춰 둔 시냇가로 재빨리 달려갔다. 그런데 이게 웬일인가. 감춰 두었던 포도주가 하나도 남아 있지 않았다. 그때 그들의 실망한 표정은 마치 복권의 마지막 한 자리 숫자가 틀려 거액의 당첨금을 날려 버린 사람의 그것 같았다. 가능성은 두 가지뿐이었다. 누군가가 에르네스토의 어설픈 연기에 넘어가지 않았든가, 그가 포도주를 숨기는 모습을 보았던 것이다. 이제 그들이 도둑질한 것을 도둑질한 범인을 찾을 차례였다. 하지만 그 도둑을 찾는다는 것이 가능할 리가 없었다. 에르네스토는 포도주를 도둑맞고 억울해하기보다는 자신이 바보 취급을 당했다는 사실 때문에 화가 났다. 그들은 그날 대가로 받은 약간의 빵과 치즈, 그리고 그날 저녁에 먹고 남은 고기를 들고 다시 마을로 걸어서 돌아와야만 했다. 그러나 그들은 그 음식만으로도 마을에서 적당히 취하고 배불리 먹을 수 있었다. 비록 앞으로 며칠 동안 두고두고 포도주를 먹을 수 있는 기회는 날려 버렸지만.

두 여행자는 바릴로체로 가는 도중 수많은 호수로 둘러싸인 '일곱 개의 호수 길'이라는 곳을 지나고 있었다. 그들은 길을 재촉하였지만 이내 밤이 되었다. 다행스럽게도 그들은 한 노동자의 오두막에서 잘 수 있었다. 그들이 바릴로체로 강행군하지 않고 이곳에서 머물기로 한 것은 정말이지 탁월한 선택이었다. 그날 밤 갑작스레 기온이 떨어져 거의 살을 에는 듯한 바람이 불었던 것이다. 그들이 오두막에서 잠을 청하려 하는데 갑자기 낯선 사내가 나타났다.

"죄송하지만 담요 좀 빌려주시겠어요?"

보아 하니 근처에서 야영을 하는 듯한 행색이었다. 알베르토가 말했다.

"여분은 없지만 이거라도 가져가세요."

에르네스토와 알베르토는 주저 없이 자신의 담요를 내주었다.

얼마 후 그들은 마테나 함께 마시려고 그 사내가 있는 텐트로 갔다. 텐트 안에는 그 사내와 사내의 부인이 있었다. 그들은 달랑 살림이 든 배낭 하나와 텐트 하나만 가지고 이미 오랫동안 그곳에서 지내고 있었다. 오두막으로 돌아온 에르네스토와 알베르토는 매우 가슴이 아팠다. 잠을 자지 못하고 뒤척이던 알베르토가 말했다.

"아르헨티나에는 왜 부자와 빈민들만이 존재하는 것일까?"

"형, 그건 아르헨티나만의 문제가 아니야. 남아메리카 대륙 전체가 그런 문제로 시름하고 있을 거야. 아니, 어쩌면 전 세계가 그럴지도 모르지."

그들은 자신들이 목격하게 될 남아메리카 대륙의 진짜 모습을 벌써 예감하고 있었다. 앞으로 그들은 순박한 사람들의 따뜻함과 환대를 겪을 테지만, 동시에 착취와 억압이 존재하는 것을 두 눈으로 똑바로 목격하게 될 터였다.

이국의 땅, 칠레에 첫발을 내딛다

칠레와의 국경이 가까워진 어느 날, 에르네스토와 알베르토는 엄청나게 쏟아지는 폭우를 피하기 위해서 어느 경찰서의 주방에 머물게 되었다. 피곤에 지친 에르네스토는 거의 반쯤 눈을 감고 있었다. 그의 손에는 한 통의 편지가 쥐어져 있었다. 그는 비몽사몽의 상태에서 옆에 있던 한 죄수가 다른 사람들에게 자신의 경험담을 부풀리고 있는 것을 듣고 있었다. 그 죄수의 황당한 경험담을 담은 목소리는 마치 현실이 아닌 저세상에서 어렴풋하게 들리는 환청 같았다. 이 모든 것은 그의 손에 쥐어진 편지 때문이었다.

에르네스토는 치치나의 편지를 든 채 넋을 잃고 있었다. 이제 몇 시간 후면 아르헨티나를 떠날 것이었다. 마음 깊숙한 곳에서 갑작스러운 불안감이 그를 덮쳤다. 에르네스토는 애써 치치나의 얼굴을 떠올리려 노력해 보았다. 그러나 그러한 노력은 아무런 소용이 없었다. 치치나의 모습은 더 아득하게 멀어져만 갔다. 편지는 눈물로 젖기 시작했다. 스스로 어리석다고 자책해 보았지만 이미 흐르기 시작한 눈물을 제어할 수는 없었다. 에르네스토는 그렇게 현실과 환상의 경계에서 헤매다가 잠에 빠졌다.

다음 날 알베르토와 에르네스토가 눈을 떴을 때 햇살이 따사롭게 비추고 있었다. 마침내 그들은 칠레의 땅을 밟았다. 국경 산악지대를 넘은 그들이 처음 밟은 칠레의 땅은 트로나도르 강이었다. 그 강은 같은 이름을 가진 화산 트로나도르로부터 시작된다. 에르네스토와 알베르토는 강에서 생겨난 호수를 지나쳤다. 아르헨티나에 있는 호수와 달리 에스메랄다 호수의 물은 따뜻했다. 목욕하기에는 더없이 좋았다. 칠레의 새로운 자연환경부터가 그들을 따뜻하게 맞이해 주고 있었다. 에르네스토의 기분은 한결 좋아졌다. 그는 비로소 아르헨티나가 아닌 이국의 땅에 첫발을 내디뎠음을 실감하였다.

에르네스토와 알베르토 그리고 포데로사까지 실은 배는 간신히 에스메랄다 호수를 건너고 있었다. 그런데 배가 얼마나 오래되었던지 선체에는 수도 없이 구멍이 뚫려 있었으며 구멍이라는 구멍에서는 모두 물이 새고 있었다. 그들은 배가 목적지에 도착할 때까지 열심히 물을 퍼 올려서 다시 호수로 내보내야만 했다. 그 노동 덕택에 뱃삯을 면제받을 수 있었다.

알베르토와 에르네스토는 여행 도중 몇 명의 의사를 만났다. 그들은 약간은 재미있게 꾸며 낸 나병 환자들에 관한 이야기와 나환자 병원에서의 경험을 이야기해 주었다. 약간의 객기가 발동한 것이었다. 당시 칠레에서는 나병이 큰 문젯거리가 아니었기 때문에 의사들은 신기한 듯 그들의 이야기를 진지하게 들었다. 그들은 에르네스토와 알베르토에게 존경심까지 나타냈다. 의사들은 그들에게 이스터섬의 나병 환자촌에 대해서 얘기해 주었다. 이스터섬은 칠레 내륙에서 서쪽으로 3,700킬로미터나 떨어진 남태평양의 섬이다. 그들은 이 섬이 에르네스토와 알베르토에게 의학적으로도 충분한 관심거리가 되리라 판단했던 것이다. 에르네스토와 알베르토는 그 의사들에게 '이스터섬의 친구들'이라는 단체 대표까지 소개해 달라는 객기를 부렸다.

호수를 다 둘러본 후 그들은 오소르노로 향했다. 운이 좋게도 마을의 어떤 사람이 그들을 태워다 주었다. 그런데 차를 타고 가던 도중 그 사람은 에르네스토에게 직접 운전을 해 보라고 권했다. 난생 처음 하는 운전이라 서툴렀지만, 돼지를 가볍게 치는 사고를 제외하고는 무사히 오소르노에 도착하였다. 에르네스토보다 차 옆에서 포데로사를 몰고 쉴 새 없이 소리를 질러 대던 알베르토가 더 힘들어했다.

일요일 오전, 그들은 근처 발디비아 항구로 갔다. 그 항구에는 이전에는 결코 본 적이 없었던 갖가지 신기한 것들이 가득 차 있었다. 생전 먹어 보지 못한 칠레 음식을 파는 시장, 전형적인 칠레풍의 목조 건물들, 칠레의 소작농인 구아소스의 특이한 옷 등, 이 모든 것이 아르헨티나에서 보던 것과는 달랐다. 이제 아르헨티나에는 앵글로색슨의 이주민들과 섞이지 않은 어떤 것도 존재하지 않았다. 하지만 칠레의 그곳에는 유럽의 거만한 문명이 전혀 섞이지 않은 남아메리카 고유의 모습이 남아 있었다. 남아메리카의 진정한 뿌리에 대한 갈증이 에르네스토의 가슴속에 자리 잡았다.

에르네스토와 알베르토에게 칠레에서 가장 인상적이었던 것은 무엇보다도 칠레 사람들의 환대와 친절이었다. 그러한 친절이 없었다면 그들은 이토록 즐겁게 이웃 나라를 여행할 수 없었을 것이었다. 한번은 라울이라는 수의학을 전공하는 학생을 만났다. 그는 엄청난 불편을 감수하면서까지 그들에게 침대를 내주었다. 게다가 자신이 직접 비용을 부담하여 카바레에도 데려가 주었다. 그는 자신이 여자에게 얼마나 많은 돈을 쓰는가에 대해서 자랑하기도 하였다. 약간 떠버리 기질이 있긴 하였지만 그는 정말 사심 없이 그들을 극진하게 대우했다.

에르네스토와 알베르토는 간혹 칠레 사람들이 그들에게 보여 준

호의에 대해서 너무 과분한 것을 받았다고 생각하기도 했다. 칠레 사람들은 대부분 가난하였는데 그런 가난함에 비해 신문만큼은 충분한 분량을 발행하였다. 그들이 머물고 있던 지방의 한 신문이 그들에 대한 기사를 실었다. 신문에는 커다란 활자로 '아르헨티나 태생의 두 나병학 전문의들이 오토바이로 남아메리카를 여행하다'라는 제목과 함께 두 사람의 사진이 크게 실려 있었다. 그 밑에는 그들이 나병학 연구와 환자들에게 도움을 주기 위해서 이스터섬에 갈 것이라는 내용도 있었다.

신문에는 에르네스토와 알베르토 두 사람이 이미 남아메리카 대륙의 나병학 분야에서 중요한 인물로 취급되고 있었다. 기사는 이미 3,000명의 환자를 치료한 적이 있고 각국의 중요한 나병 센터와도 연결된 주요 인사들이 이 작은 마을을 찾아 준 것에 대한 감사의 뜻을 전하고 있었다. 에르네스토와 알베르토는 자신들에 대한 과분한 기사에 한편으로는 들떠 있으면서도 또 한편으로는 죄책감을 느꼈다.

여하튼 이제 그들은 더 이상 오토바이를 몰고 다니는 부랑자로 비치진 않았다. 그들은 어딜 가나 당당한 의사로서 대접을 받았다.

지금까지 너무 심하게 학대받은 포데로사는 이제 서서히 자신의 운명을 다하고 있었다. 칠레에서 몇 번이나 포데로사를 손봐야 할 일이 생겼는데, 한 번은 아예 심각한 문제가 생겨 정비 공장에 맡겨

야 했다.

포데로사의 수리가 다 되어 여행을 다시 시작하기로 한 전날 밤, 에르네스토와 알베르토는 그곳의 친구들과 함께 포도주를 마셨다. 에르네스토는 엄청난 속도로 포도주를 마셔 댔다. 얼마 후 근처에서 벌어진 무도회에 참석하게 되었을 때 그는 이미 얼큰하게 취해서 어떤 호기라도 부릴 수 있는 상태였다. 무도회에서 한 멋진 정비공이 자신의 아내와 춤을 출 것을 에르네스토에게 권했다. 그는 거절하지 않았다.

에르네스토의 품에 안겨서 춤추는 그 정비공의 아내는 상당히 호색적인 여인이었으며 그에게 호의를 나타냈다. 에르네스토는 바깥으로 그녀를 데리고 갔다. 처음에는 고분고분 따라오던 그녀가 남편이 눈치 챈 걸 알자 태도를 바꿨다. 아무런 눈치도 채지 못한 에르네스토는 그녀와 말다툼을 하였다. 그러고는 다른 사람들의 시선도 아랑곳없이 그녀를 문으로 밀쳤다. 그녀는 에르네스토를 발로 차려다가 중심을 잃고 넘어졌다. 사람들이 화가 나서 에르네스토와 알베르토를 쫓아왔다. 그들은 곧장 도망쳐야만 했다.

다음 날 그들은 새벽같이 일어나 헐레벌떡 짐을 챙겨 도망치듯 그곳을 빠져나왔다. 정비 공장에서 손을 본 포데로사는 그다지 좋은 상태가 아니었다. 무수한 언덕을 지나야 했는데, 첫 번째 가파른 언덕길도 통과하지 못한 채 포데로사는 길 위에서 퍼지고 말았다. 당시로써는 그것이 포데로사의 마지막 운행이 될 줄 꿈에도 몰랐다. 에르네스토와 알베르토 그리고 포데로사는 지나가던 트럭에 실려 가야만 하는 신세가 되었다.

그들은 로스앙헬리스를 거쳐 산티아고에 도착했다. 그곳은 이제까지 다니면서 보았던 여느 마을과 달리 사람들이 바쁘게 살고 교통도 꽤 복잡하였다. 마치 코르도바를 연상시켰다. 하지만 건물들이나 거리, 날씨 등은 지중해의 도시를 연상하게 만드는 이국적인 풍모를 가지고 있었다. 트럭에 실려서 이곳까지 오게 된 포데로사는 산티아고의 한 정비 공장에 맡겨졌다. 하지만 포데로사는 이제 더 이상 그들과 여행을 할 수가 없는 상태라는 판정을 받았다. 마침내 알베르토는 포데로사를 정비 공장에 남겨 두고 여행을 재촉해야 했다. 그의 눈에는 눈물이 흐르고 있었다.

포데로사가 없는 여행은 또 다른 시작이었다. 의학 박사 학위와 비록 초라하기는 하지만 포데로사 덕택에 나름대로 사람들에게 귀족 같은 나그네로 비쳐질 수 있었다. 이제 그들은 등에 배낭을 짊어진 채 떠돌아다니는 영락없는 두 명의 방랑자일 뿐이었다. 그들은 간간이 지나가는 차를 얻어 탈 뿐 전적으로 자신들의 두 발에 의지해서 목적지에 도달해야 하는 뚜벅이 신세가 된 것이다.

중간에 트럭을 얻어 타긴 했지만 도보에 지쳐 버린 그들은 거의 짐을 질질 끌다시피 하면서 발파라이소의 시내로 들어가고 있었다. 하루 종일 쉬지도 않고 걸은 탓에 에르네스토와 알베르토는 완전히 파김치가 되어 있었다. 다행히 그들은 화물차 주차장을 발견하고는 그곳 직원에게 자신들이 주차장에 머물 수 있게 해달라고 간청하였다. 쏟아지는 졸음에 몸을 맡기려 할 즈음 주차장 옆 작은 카페의 주인이 그들에게 왔다. '라 지오콘다'라는 작고 초라한 카페의 주인은 다름 아닌 아르헨티나 사람이었는데, 그들이 여기에 왔다는 소식은 이미 그 근방에 퍼져 있었고 그 카페 주인 역시 소문을 듣고 찾아온 것이었다. 카페 주인은 매우 특이한 사람이었지만 그들은 그의 호의를 무시할 처지가 아니었다.

며칠을 그곳에서 푹 쉰 에르네스토와 알베르토는 다시 여행길을 재촉했다. 그들의 여행 계획은 칠레의 북쪽 지방을 두루 거쳐서 페루로 가는 것이었다. 북쪽으로 가는 내륙의 길은 사막이 이어져 있었다. 그러나 포데로사가 없는 상태로는 사막 여행이 힘들 것 같아 그들은 북부의 사막만큼은 피하기로 하였다. 결국 남은 선택은 배를 타는 것밖에 없었다.

그들은 바다로 가서 북쪽 항구로 가는 아무 배나 타려 하였다. 그러나 어떤 선박 회사도 그들의 요청을 들어주지 않았다. 에르네스토가 좌절하고 있는 순간, 알베르토가 입을 열었다.

"배에 몰래 타서 짐칸에 숨는 거야."

"그러다가 들키면 어쩌려고?"

"안 들키면 되잖아. 설혹 들킨다 해도 이미 탄 걸 어쩌겠어?"

"좋아, 그렇게 하자고."

그들은 미리 지목해 둔 배에 올라탔다. 산 안토니오 호에 올라탄 그들은 화장실 안에 몸을 숨겼다. 얼마 안 가서 선원들이 화장실에 들어오려 했다. 그때마다 그들은 "안에 있습니다. 들어오지 마세요."라고 말을 했다.

배가 갑자기 요동을 치면서 흔들리기 시작했다. 화장실은 머리가 돌 정도의 악취가 진동했다. 문이 닫힌 좁은 화장실은 무덥기까지 해 가히 살인적이라는 표현이 어울릴 정도였다. 알베르토는 신물까지 토해냈다. 그들의 인내는 한계에 다다랐고, 그곳만 벗어날 수 있다면 이제 어떤 일이라도 감수할 것 같았다. 그들은 결국 화장실을 나와서 자수를 하였다.

다행히도 너그러운 선장은 그들에게 먹을 것을 내주면서 가벼운 훈계만으로 그쳤다. 하지만 그들은 대가로 일을 해야만 했다. 에르네스토는 자신에게 주어진 일을 못마땅해하였다. 알베르토에게는 감자 껍질을 벗기는 일이 주어졌지만, 에르네스토는 그 끔찍한 화장실 청소를 해야 했기 때문이었다. 에르네스토가 보기에 알베르토가 하는 일이라고는 자신이 청소해야 할 화장실에 분뇨 덩어리 하나를 더하는 것으로밖에 비치질 않았던 것이다.

배가 안토파가스타에 머무르게 되자 두 사람은 근처 추키카마타

구리 광산에 들르기 위해서 배에서 내렸다. 그곳으로 가던 도중 그들은 다 해진 옷을 입은 한 쌍의 부부를 사귀게 되었다. 그들은 칠레인 노동자들이었는데 둘 다 공산주의자였다. 당시 칠레에서 공산당은 금지되어 있었다. 그중 남자는 공산주의자라는 이유로 3개월 동안을 감옥에서 보냈다고 말했다. 그리고 그는 늘 생활고에 찌들어 먹을 것조차 없으면서도 항상 아무 말 하지 않고 자신을 따라주는 아내에 대한 칭찬의 말도 덧붙였다. 아닌 게 아니라 여자의 표정과 말 속에는 언제나 남편에 대한 신뢰와 존경심이 배어 나오는 것을 에르네스토와 알베르토는 너무나 잘 느낄 수 있었다.

비록 그 남자의 언어는 평이한 단어들로 채워져 있었지만, 그는 아주 풍부하고 다양한 표현을 구사하였다. 에르네스토와 알베르토는 그들과 사막에서 같이 하룻밤을 보냈다. 두 사람은 담요를 꺼냈지만, 그 부부는 담요 한 장 가지고 있지 않았다. 담요 하나를 그 부부에게 내주었기 때문에 에르네스토와 알베르토는 최대한 몸을 붙인 채로 밤을 보내야 했다. 그때까지 에르네스토가 보낸 가장 추운 밤이었다. 하지만 그런 추위와 대조적으로 에르네스토의 마음속에는 자신과는 전혀 다른 부류의 사람과 가까워질 수 있는 따뜻한 마음의 문이 열리고 있었다. 담요 한 장 없이 사막의 밤을 이겨 내는 그 부부는 에르네스토에게 프롤레타리아트의 살아 있는 상징으로 보였다. 그들의 따뜻하면서도 고결한 인내력으로부터 얻은 감명은 그들과 헤어진 후에도 오랫동안 에르네스토의 기억 속에서 사라지지 않았다.

추키카마타는 그 자체가 거대한 구리로 이루어진 산이다. 그곳은 거의 아무 식물도 자라날 수 없을 정도의 황폐함과 동시에 엄청나게 건조한 기후로도 유명하다. 산의 거대한 경사면에는 계단식 채굴장들이 층층이 들어서 있고, 채집된 광물들을 쉽게 운반할 수 있는 레일들이 깔려 있다. 이곳은 1톤당 1퍼센트의 구리가 들어 있는 원광을 캐는 것이 가능하다. 추키카마타에서는 끊임없이 다이너마이트의 폭발음이 들린다. 그리고 폭발음 다음에는 거대한 삽이 광물들을 파서 레일 위에 싣는 모습을 볼 수 있다. 레일 위에는 광물들을 운반하는 열차를 수시로 볼 수 있다. 실려 온 광물은 분쇄기에서 곱게 분쇄된다.

분쇄 과정은 세 단계로 나누어진다. 우선 원광을 자갈 크기로 자른다. 그리고 이것을 황산 용액에 넣어 황산염 형태의 구리를 추출한다. 가끔 구리염화물이 추출되기도 하는데 이것을 철과 혼합하면 염화제일철이 된다. 거기서 나온 황산구리염 용액은 거대한 용기에 담겨져 1주일 동안 30볼트의 전류가 가해진다. 그러면 소금의 전기 분해가 일어나 이미 다른 용기에서 형성된 구리로 된 얇은 금속판에 구리가 달라붙는다. 5, 6일 정도 지나면 이 구리 금속판은 용광로에 넣어져 섭씨 2,000도의 고열에서 12시간가량 제련된다.

이런 어마어마한 공정을 거쳐서야 비로소 구리가 생산되기 때문에 추키카마타에는 3,000명이 넘는 유동 인구가 구리 생산에 참여하고 있었다. 당시 칠레는 전 세계 구리 생산의 20퍼센트를 차지하고 있었다. 구리는 무기 생산의 절대적인 원료이므로 군사적인 면에서도 아주 중요하였다. 칠레의 민족주의자나 좌익 세력들은 추키카마타를 나라의 소유로 할 것을 원했지만, 당시 보수주의 세력들은 미국 자본과 결탁하여 개인 기업의 형태를 유지하려 하였다.

에르네스토와 알베르토는 의사라는 신분 덕택에 광산의 관리소를 무난하게 통과하였을 뿐만 아니라 안내인까지도 동행하는 배려를 받았다. 안내인은 광산의 곳곳을 안내하고 친절하게 설명해 주었지만, 두 외국인에 대한 감시와 경계를 한순간도 늦추지 않았다. 에르네스토가 안내인에게 말했다.

"이곳 노동자들은 그야말로 기계처럼 일하는군요."

"회사가 살아야 그들도 먹고살 수 있을 테니까, 열심히 일하는 것은 당연하지요."

마치 설득하려는 듯한 어조로 안내인은 대답하였다. 그러고 나서 이렇게 덧붙였다.

"사실 요즘은 노동자들이 무리한 요구까지 하고 나선다니까요. 이 사람들이 하루만 파업해도 회사의 손해가 백만 달러 이상이 된다는 것은 생각하지 못해요."

"그 사람들이 얼마를 더 올려 달라는데요?"

"아마 백 페소가량 될 겁니다."

당시 100페소는 미화 1달러에 불과하였다.

에르네스토와 알베르토는 광산의 의료 시설을 둘러보았다. 정말 이지 형편없는 것이었다. 광산이야말로 의료 사고가 가장 빈번한 곳인데도 불구하고 변변한 수술 집기 하나 제대로 마련되어 있지 않았다. 하물며 문화나 교육 시설을 기대한다는 것은 말도 안 되는 일이었다. 추키카마타 광산은 에르네스토에게 남아메리카 원주민의 현실이 어떤지를 뚜렷하게 보여주는 사례가 되었다. 에르네스토는 남아메리카가 어떻게 제국주의자들에게 착취당하는지 분명하게 보게 된 것이다. 에르네스토의 몸에는 유럽인의 피가 흐르고 있었으며 이제껏 남아메리카 대륙에서 유럽인의 자손 취급을 받으며 살아왔다. 하지만 이제 그의 가슴은 확실하게 남아메리카의 땅에 정착되고 있었다.

잉카 문명의 중심지 페루에서

1952년 3월 24일, 에르네스토와 알베르토는 드디어 잉카 문명의 중심지 페루에 첫발을 내디뎠다. 칠레와의 국경 지대를 간신히 벗어난 그들은 가파른 오르막길을 넘어 피라미드를 지나쳤다. 그 피라미드는 7, 80년 전 칠레와의 전투에서 전사한 페루인들을 기리기 위해서 만든 건축물이었다. 그들의 배낭은 마치 이솝 우화에 나오는 간교한 당나귀 등에 올려진 물에 젖은 솜처럼 천근만근 무겁게 느껴졌다. 그들은 그곳에서 잠시 쉬기로 하였다. 하지만 아무리 쉬어도 더 이상 걸을 엄두가 나지 않아 그들의 목적지와 같은 방향으로 가는 아무 차나 얻어 타기로 하였다.

몇 시간이나 지났지만 차 한 대 보이지 않았다. 얼마 후 화물차 하나가 눈에 들어왔다. 아무래도 자신감이 생기지 않아 슬쩍 엄지 손가락을 들었는데, 의외로 운전사는 그들 옆에 차를 세웠다. 알베르토가 목적지를 말하고 공짜로 차를 태워 달라고 사정하였다. 운전사는 승낙의 표시를 했다. 그들은 먼저 배낭을 들어 화물차의 조수석에 놓고 자신들도 몸을 실으려 했다. 그런데 그때 운전사가 말했다.

"타라타까지 5솔(페루의 화폐 단위)만 내라고."

알베르토는 왜 공짜로 타라고 그랬냐며 큰소리로 따졌다. 운전사가 공짜라는 스페인어를 제대로 못 알아들었던 것이다. 에르네스토는 운전사의 말에 기가 질려 화물차에 타려던 생각을 포기했다.

알베르토가 머리끝까지 올라온 분을 삭이면서 말했다.

"할 수 없지. 다른 화물차를 기다리자고."

하지만 에르네스토가 다른 의견을 제시하였다.

"길을 따라가면서 지나가는 차를 잡는 게 더 나을 것 같은데."

이상할 정도로 알베르토는 에르네스토의 의견을 순순히 따랐다. 알베르토의 배려가 그들에게 하나도 득이 될 것이 없다는 사실을 깨닫기까지는 그리 오랜 시간이 걸리지 않았다. 그들은 일단 길을 따라 걷기로 한 이상 달리 방안이 없었으므로 계속해서 앞으로 걸어갔다. 차는커녕 오두막이나 인적도 하나 없었다. 결국 그들은 해가 넘어가는 것을 무기력하게 바라보아야만 했다.

밤중이 되자 추위는 심해졌다. 일교차가 큰 사막의 밤바람은 잔인할 정도로 매서웠다. 물 한 방울 남지 않은 상태라서 그들은 차를 끓이거나 요리도 할 수가 없었다. 그저 빨리 잠들어서 밤을 얼른 보내 버리는 게 최선책이었다.

칠흑 같은 어둠 속에서 간신히 담요를 둘둘 말고 누워 보았지만 채 5분도 되지 않아 몸이 얼어 버렸다. 알베르토가 말했다.

"몸이 완전히 꽁꽁 얼어붙었어."

"난 지금 형 말에 대답하기도 힘들 지경이라고."

결국 그들은 몸을 일으켰다. 주위의 나뭇가지를 모아 불을 지펴 보았지만 열기가 전혀 전달되지 않았다. 할 수 없이 다시 일어나서 걸었다. 찬바람이 얼굴에 달라붙었다. 추위를 잊기 위해서 억지로 속력을 내어 걸었다. 상반신은 땀으로 젖기 시작했지만, 발과 얼굴은 꽁꽁 얼어붙어 있었다. 탈진할 지경이 되도록 걸었지만 겨우 두 시간 정도 지났을 뿐이어서 시간은 12시 반에 불과하였다. 부질없는 짓인 줄 알면서도 다시 담요를 깔고 잠을 청했다. 이번에도 5분을 넘기지 못하고 다시 일어났다.

알베르토와 에르네스토는 다시 걷기 시작했다. 마치 1분이 1시간처럼 느껴졌다. 그들이 간신히 구원의 장소를 발견한 것은 새벽 6시, 아침이 밝아 오면서였다. 길가의 통나무집이 갑자기 그들 눈앞에 나타난 것이다. 잠시 신기루가 아닐까 의심해 보았지만 가까이 갈수록 진짜 통나무집이라는 것이 분명해졌다. 그 통나무집의 소박한 사람들은 그들을 환대하였다. 알베르토가 그들에게 아르헨티나의 의사 면허를 보여 주며 은근히 자신을 과시하자 두 사람을 마치 동경의 대상이라도 되는 듯 쳐다보았다. 그들은 페론이 통치하는 아르헨티나에 대한 장밋빛 환상을 가지고 있었던 것이다.

이렇게 페루에서의 여정은 다시 떠올리기에도 끔찍한 고생과 더불어 시작되었다. 하지만 그들은 이미 전날 밤의 무지막지한 경험을 잊고 있었다. 잉카 문명의 중심지인 페루에 발을 들여놓은 것만으로도 그들의 마음은 이미 들떠 있었던 것이다.

'태양의 호수'로 불리는 티티카카호로 가기 위해서 그들은 일레이브를 향해 떠나는 트럭에 몸을 실었다. 트럭은 원주민 인디오들을 거의 화물이나 다를 바 없이 취급하면서 그들을 실어 나르고 있었다. 에르네스토와 알베르토는 그들과 한 칸에 탔지만 그나마 그들과 섞이지 않게 하려는 운전자의 배려로 트럭 위쪽에 앉을 수 있도록 판자가 제공되었다. 원주민들은 그들의 발밑에서 서로 얽혀 있었다. 에르네스토와 알베르토는 판자의 높이가 어느 정도 되었기 때문에 원주민들의 지독한 냄새를 조금은 피할 수 있었다.

하지만 이런 특권은 어느새 그들에게 새로운 시련을 주었다. 트럭이 산을 오르면서 살을 에는 바람이 트럭 위로 몰려들었던 탓에 몸이 꽁꽁 얼어붙었다. 게다가 트럭이 조금만 덜컹거려도 내동댕

이쳐질지 모르는 터라 담요에서 손을 뺀 채 트럭 가장자리를 꼭 붙잡고 있어야만 했다.

그들은 고개 정상을 지날 때 울퉁불퉁한 돌덩이가 탑처럼 쌓여 있고 그 위에 십자가가 꽂혀 있는 모습을 보았다. 그것도 한 개가 아닌 여러 개가. 더군다나 인디오들은 돌탑을 지날 때면 마치 종교 의식을 치르는 것처럼 무슨 말인가를 중얼대며 십자가를 긋기도 하였다. 에르네스토가 인디오들에게 이유를 물었지만 그들은 아무런 대꾸도 하지 않았다.

수수께끼가 풀린 것은 운전사가 그들을 조수석으로 부른 이후였다. 조수석으로 달려간 에르네스토와 알베르토는 이미 그곳에 앉아 있던 푸노 출신의 선생님과 금방 친해졌다. 그는 APRA(아메리카 인민혁명 동맹) 당원이라는 이유만으로 학교에서 해고되었다고 하였다. 그 선생님은 인디오의 혈통을 가진 사람으로 페루의 전통과 문화에 매우 정통해 있었다.

그는 산 정상에 놓인 돌탑의 유래와 인디오들의 이상한 행동에 대해서 설명을 해 주었다. 인디오들은 산 정상에 도달할 때마다 파차마마에 애도를 표시하며 돌 하나씩을 올려놓았다. 이렇게 해서 돌탑이 쌓이게 되었다. 그런데 스페인 사람들이 그 지방을 점령하고 난 후 이 전통 의식을 없애려고 하였다. 스페인 사람들의 노력에도 불구하고 인디오들의 의식이 계속되자 신부들은 궁여지책으로 돌탑마다 꼭대기에 십자가를 꽂아 두게 하였던 것이다. 그 선생님은 인디오의 전통을 짓밟으려 했던 백인들의 시도를 오히려 야만적인 행위라고 주장하면서 흥분하였다.

자신이 아이마리 족 출신이라는 것을 애써 자랑스럽게 밝혔던 그는 자신의 조상들이 잉카 족의 군대와 싸워서 이겼던 역사적인 사건을 이야기할 때면 격앙되고 흥분한 빛이 역력하였다. 한편 오늘날 백인 문화와 메스티소(백인과 아메리카 인디오 사이의 혼혈아)들에 의해서 황폐해진 인디오의 상황에 대해서 이야기할 때면 분한 감정과 함께 침울함마저도 나타냈다. 그는 인디오들의 상황을 개선하기 위해서 그들을 위한 교육 기관이 만들어져야 하며, 교육 체계도 전면적으로 바뀌어야 한다고 주장하였다. 현재 소수의 인디오가 백인들처럼 학교에서 백인이 받는 교육을 받고 있지만 이런 교육은 오히려 인디오들 스스로에 대한 수치심만을 내면화시킨다는 것이었다. 백인의 사회에 조금이라도 발을 들여놓은 인디오들은 인정받기 위해서 인디오의 전통이나 풍습을 감추고 그것을 저주하는 경우도 있다고 하였다. 결국 그들은 자신의 종족 인디오를 배신하고 어떻게 해서든지 스페인 피가 한 방울이라도 섞이게 하려고 노력한다는 것이다.

에르네스토와 알베르토는 인디오 출신의 선생님 덕택에 이 지방의 전통과 역사에 대한 많은 지식을 얻었다. 에르네스토는 생각했다. '남아메리카의 진정한 주인은 누구이며, 그들은 지금 왜 이 땅에서 소외받고 있는 것일까?' 골똘히 생각에 빠져 있을 무렵, 드디어 차는 목적지에 다다르고 있었다.

푸노에 도착한 에르네스토와 알베르토 일행은 여행지의 하나로 꼽았던 '태양의 호수' 티티카카호를 돌아보고 다음 날 쿠스코로 가는 트럭에 몸을 실었다. 이번 여행에서 쿠스코는 특별한 의미를 갖는 곳이었다. 쿠스코는 과거 잉카 제국의 수도이며 그 자체가 남아메리카 역사였다. 에르네스토와 알베르토에게 이 여행이 갖는 의미 중 하나가 자신들이 속한 남아메리카 대륙의 발견이라면 쿠스코는 그들에게 이 여행의 정점이 되는 곳이었다.

에르네스토는 쿠스코를 '지난날의 재현'이라는 말로 요약해서 표현하였다. 에르네스토에게 쿠스코는 도시 전체가 하나의 거대한 진열장과도 같아 보였다. 교회뿐만 아니라 거리와 집들, 나무들 하나까지도 모두 지나간 과거의 흔적이 배어 있었다. 하지만 동시에 그런 과거의 흔적들은 오늘날 백인 침략자들의 파괴와 그들이 가져온 새로운 문명들이 뒤얽혀져 흐릿한 자취만을 남기고 있었다.

쿠스코는 잉카 족의 선조들이 제국을 건설한 역사적인 장소였다. 원래 유목민이었던 잉카의 선조들은 이 지역에 정착하여 강력한 제국을 건설하였다. 자신의 제국을 타우안틴수유로 확장해 감에 따라 제국의 중심을 요새로 만들었다. 이곳이 바로 쿠스코이다.

그들은 자신의 중심지를 지키기 위해 엄청난 규모의 샤크샤우아만 요새를 건설하였던 것이다. 잉카 문명의 중심지가 된 이곳은 그들에 의해 학살된 인디오들의 슬픈 절규가 묻혀 있는 곳이었다.

또한 이곳은 잉카 선조들이 만든 샤크샤우아만 요새가 아닌, 빨간색 타일 지붕, 바로크 양식 교회의 둥근 탑에 의해 침범된 이국적인 곳이기도 했다. 마지막으로 또 다른 모습의 쿠스코는 스페인 군인들의 군화에 의해서 짓밟힌 새로운 도시의 모습이다. 스페인이 세운 기념비와 박물관, 도서관, 교회 등은 백인의 용맹과 승리를 뽐내듯 자랑스럽게 서 있었다.

이곳에서 지내는 동안 에르네스토는 여러 가지 모습의 쿠스코를 면밀하게 살피고 관찰하였다. 사실 아무리 그곳이 잉카 문명의 잔재들이 남아 있는 유적지라고 하여도 세심한 관찰자가 아니라면 역사의 흔적과 발자취를 쉽게 관찰할 수는 없었다. 에르네스토는 이곳에서 아메리카 대륙의 역사를 한눈에 통찰할 수 있었다.

에르네스토와 알베르토는 쿠스코에 온 이상 결코 지나칠 수 없는 곳, 마추픽추에 가기로 결심을 했다. 그곳에 가기 위해서는 기차를 타야 했는데, 기차의 평균 속도가 대략 10킬로미터에서 20킬로미터 정도였다. 기차 자체가 워낙 낡은 데다 급격한 비탈길을 오르락내리락 해야 했기 때문이다. 거리상으로는 얼마 되지 않았지만 시간상으로는 장장 12시간이나 소요되었다. 마추픽추를 여행하고

막상 쿠스코로 돌아오려 할 때 마추픽추의 아름다움에 반한 탓도 있지만 다시 그 끔찍한 12시간의 여행을 감내해야 한다는 사실이 그들을 괴롭혔다.

나환자촌에서의 의료 활동

계속 북쪽으로 전진하던 에르네스토와 알베르토 일행은 아방카이에 들렀다. 그곳에 우암보 나환자촌 근처로 가는 화물차가 있었기 때문이다. 에르네스토와 알베르토가 거의 무일푼으로 이번 여행에 성공하기 위한 비결은 그들의 확실한 신분을 이용해서 민병대나 병원 혹은 경찰서에서 무료로 숙식을 제공받는 것이었다. 잘 곳을 위해서 경찰서로 향하던 그들은 지름길이라고 해서 들어섰다가 오히려 완전히 길을 잃어버리고 말았다. 들과 성벽을 헤매던 그들은 자신들도 모르는 순간에 어느 집의 뜰 안에 들어와 있는 것을 발견했다. 그곳에는 주인으로 보이는 사람과 개가 달빛을 받으며 서 있었다.

에르네스토가 공손하고 반가운 어투로 인사를 건넸다.

"안녕하세요."

그러자 그 사람은 무슨 말인가를 중얼거리며 개와 함께 집 안으로 달아나 버렸다. 분명하지는 않지만 에르네스토의 귀에는 다음과 같은 단어가 들렸던 것 같았다.

"비라코차."

이 말은 잉카의 문명에서 믿던 창조주 신을 뜻하기도 하고 백인을 지칭하는 말이기도 하였다. 어쨌든 이들 인디오에게 에르네스토와 알베르토는 낯선 백인인 동시에 경계의 대상이기도 하였던 것이다. 그래서 그 인디오의 행동은 어쩌면 자신들의 고유한 역사를 짓밟은 백인들에 대한 피해 의식을 무의식적으로 표현한 것일지도 모르는 일이었다. 이 땅의 주인이었으며 마땅히 주인이어야 할 인디오들은 오히려 이 땅에서 소외당하고 있었다.

에르네스토와 알베르토는 그 지방의 지사를 찾아가서 자신들을 소개하고 우암보의 나환자촌으로 갈 수 있게끔 말 두 마리를 내어 달라고 요청했다. 지사는 따뜻한 환영의 인사와 함께 5분도 채 되지 않아서 경찰서에 말 두 마리를 준비시켰다. 게다가 케차어를 할 수 있는 안내인까지 딸려서.

말을 타고 목적지의 반 이상을 갔을 때 갑자기 늙은 할머니와 아이 한 명이 그들에게 다가왔다. 할머니와 아이는 그들이 타고 있던 말의 고삐를 붙잡고 케차어로 무엇인가 떠들어 댔다. 알베르토는 그들이 자신들 손에 들린 바구니를 팔려는 것이라고 추측하고 외쳤다.

"저 그것 사고 싶지 않아요."

그러나 그들의 행동은 수그러들지 않았다. 그래서 에르네스토가 안내인에게 물었다.

"지금 저들이 뭐라고 그러는 거죠?"

"사실은 당신들이 타고 있는 이 말들의 원래 주인은 자기들이라는군요. 원래 자기들 말이었는데 군에서 당신들에게 주려고 강제로 데리고 갔다고 하는군요."

에르네스토와 알베르토는 고민에 빠졌다. 과거의 말 주인에게 돌려주고 남은 길을 걸어갈 것인가? 그들은 눈빛을 교환했다. 서로의 얼굴을 바라보면서 상대방의 의중을 확인하고는 고개를 끄덕였다. 알베르토가 먼저 말문을 열었다.

"우리가 걸어가는 게 낫겠지?"

"아무렴, 두말하면 잔소리지."

그때부터 그들은 나환자 병원까지 먼 길을 걸어가야만 했다. 이윽고 병원에 다다르자 병원장인 몬테조 씨가 극진한 환영을 해 주었다. 그들은 그곳 나환자 병원에 며칠 동안 머무르면서 간단한 의료 활동을 펼쳤다. 게다가 에르네스토의 천식이 재발하여 상태가 급격히 나빠짐에 따라 의사가 아닌 환자의 처지로 며칠을 더 그곳에 머물러 있어야 했다.

에르네스토와 알베르토가 의사로서 본격적으로 나환자들을 돌본 곳은 산파블로 나환자촌이었다. 산파블로 나환자촌에 이르는 길은 험악하였다. 육로가 아닌 아마존강을 따라서 배를 타고 가야만 했다. 1952년 6월 8일 새벽에 그들은 드디어 시스네호에서 내렸다. 밤의 어둠만이 덮고 있는 그곳에서 브레스치아니 박사가 그들 앞에 불쑥 나타나서 길을 인도해 주었다.

마을의 초입에는 성직자들과 의사들, 인디오들까지 합쳐서 대략 200명 정도가 살고 있는 촌락이 있었다. 그곳을 지나면 병원 관계자들의 휴대품을 보관하거나 위생 도구들이 있는 곳이 나타났다. 의사나 병원 관계자들에게 일종의 탈의실 역할을 하는 그곳에서 그들은 장갑과 마스크를 착용하고 1킬로미터쯤 더 들어갔다. 그곳에는 1,000명가량의 환자가 촌락을 이루고 살고 있었다.

마을 깊숙이 들어갈수록 에르네스토와 알베르토는 점점 더 증세가 심한 환자들을 쉽게 볼 수 있었다. 손이나 발은 물론 아예 팔다리가 없는 환자나 코와 입의 희미한 흔적만 남아 있는 환자들도 어렵지 않게 눈에 띄었다. 그런데 그곳에는 환자들만 있는 것이 아니었다. 헤어져서 지내는 것에 익숙하지 않은 가족들도 이곳으로 와서 함께 사는 경우도 많았다. 그들에게 나병은 그저 하나의 풍토병처럼 자연스러운 생활의 일부가 되어 있는 듯하였다.

그러나 이런 그들에게도 아주 심한 환자들은 전염시킬지도 모른다는 공포감이 있었다. 그래서 그중에서도 상태가 매우 심한 환자들은 따로 격리되어 살고 있었다. 알베르토와 에르네스토가 찾은 곳은 당연히 이곳이었다. 그들은 나환자촌에서도 가장 심한 환자들을 진찰한 결과, 나병이 전염될 가능성이 거의 없다는 것을 확신하였다. 그들은 이런 확신을 다른 사람들에게 전달하기 위해서 몸소 환자들을 만지고 그들의 붕대를 직접 풀어 주기도 하였다.

에르네스토는 산파블로 나환자촌에서 자신들이 하고 있는 의료 활동을 담은 편지를 가족에게 보낸 적이 있다. 그 이야기는 에르네스토 고향에 있는 신부에게까지 전달되었다. 그 끔찍한 이야기를 들은 신부는 에르네스토 가족들에게 이렇게 얘기했다.

"형제님, 저는 제 신자들을 위해서 어떤 희생도 할 수 있으리라 자신하고 있었습니다. 하지만 그런 저도 열대 지방의 비위생적인 환경에서 나환자들과 함께 온종일 생활하는 것은 엄두도 못 낼 일입니다. 아드님과 친구분의 인간애와 헌신에 경의를 표합니다. 그 일은 강철 같은 의지와 진정한 인간애가 없이는 불가능한 것입니다. 아드님은 큰 인물이 될 것이 확실합니다."

한번은 알베르토의 감독 아래 에르네스토가 직접 팔꿈치를 다친 실비오 로자노라는 남자를 수술한 적이 있었다. 비록 어려운 수

술은 아니었지만 수술을 성공적으로 마쳤을 때 에르네스토는 그곳에서 큰 명성을 얻게 되었다. 게다가 스스로 얼마 살지 못할 것이라 체념하고 있던 그를 수술 받도록 끈질기게 설득하였던 것도 대단한 일로 칭찬을 받았다. 이미 왼팔마저 잃은 로자노는 자신과 같은 처지에 있던 사람들이 모두 얼마 살지 못하고 죽었기 때문에 긍정적인 수술 결과를 전혀 기대하지 않았던 것이다. 수술 후 그는 기적적으로 회생하였다. 에르네스토는 쿠바의 장관이 된 이후에도 잊지 않고 그에게 편지를 보내 주어 격려하였다.

6월 14일, 에르네스토는 나환자촌에서 스물네 번째 생일을 맞이하였다. 환자와 가족들, 의료진 등 그곳의 모든 사람이 에르네스토의 생일을 축하하였다. 브레스치아니 박사의 집에서 저녁 식사를 대접받은 뒤, 나환자촌의 식당에서 파티가 열렸다. 그곳에서 에르네스토와 알베르토는 페루의 전통주인 피스코를 잔뜩 마셨다. 모두 흥에 겨워했으며 브레스치아니 박사가 아주 감동적인 축배를 제안했다. 기분 좋게 술기운이 오른 에르네스토가 장황한 답사를 늘어놓았다.

"여러분은 저희를 잘 알지 못하는데도 불구하고 많은 애정을 보여 주시고 마치 자신의 생일처럼 저의 생일을 축하해 주셔서 감사합니다. 애석하게도 이제 며칠 후면 이곳 페루를 떠나야 합니다. 타크나에서 시작된 페루 여행 과정에서 보여 준 모든 페루인의 따뜻한 환대에 정말 감사드립니다. 저희는 이곳 여행을 통해서 느낀 것을 감히 여기서 말씀드릴까 합니다. 아메리카 대륙을 여러 개의 불안정하고 실체가 없는 나라들로 쪼갠다는 것은 헛된 망상이라는 것입니다. 아르헨티나와 페루는 둘이 아닌 하나입니다. 우리는 모두 멕시코부터 마젤란 해협에 이르기까지 많은 민족사적 유사성을 가진 하나의 메스티소 민족입니다. 이제 모든 편협한 지역주의를 타파하자는 의미에서 페루를 위해서, 그리고 통합된 하나의 아메리카를 위해서 축배를 듭시다."

에르네스토의 축사는 열렬한 환호를 받았다. 닷새 후인 19일, 그들이 산파블로를 떠나는 날에는 알베르토가 또 한 번의 멋진 연설로 그들을 감동시켰다. 비가 추적추적 오는 날 밤, 그들은 그곳을 떠났다. 작별 인사를 하기 위해서 환자들이 악단을 조직했다. 아코디언을 연주하던 사람은 오른손의 손가락이 하나도 남아 있지 않아 손목에 막대기를 고정한 채 간신히 연주하고 있었다. 노래를 부르던 사람은 시각 장애인이었다. 그 장면은 에르네스토와 알베르토에게 평생 결코 잊히지 않는 가장 아름다운 순간 중의 하나로 남았다.

다시 아르헨티나로

에르네스토와 알베르토는 '맘보-탕고'라는 이름의 뗏목을 타고 아마존강을 따라 콜롬비아의 땅 레티시아로 들어갔다. 그리고 거기에서 비행기를 타고 트레스에스퀴나를 거쳐 콜롬비아의 수도인 보고타에 도착하였다. 에르네스토 눈에 비친 보고타의 첫인상은 그다지 좋은 편은 아니었다. 도시는 고막을 찢기라도 할 듯 거칠게 울려 대는 자동차 경적과 하늘을 가릴 듯한 매연과 공해로 그들은 숨이 막힐 지경이었다.

보고타의 길 한복판을 걷고 있던 어느 날 에르네스토가 말했다.

"이곳은 지금까지 우리가 봤던 곳과는 너무도 달라. 온통 소음과 공해로 가득 차 있어."

알베르토가 거들었다.

"아마존과 이곳을 갈라놓은 몇 세기는 비록 기술의 발전을 가져왔는지는 몰라도 자연과의 참된 교감을 모두 다 끊어 놓은 퇴보를 주었어."

알베르토는 이곳의 공기가 자기 동료의 천식에 치명적인 해가 될 것임을 알고 있었다. 게다가 그들에게 보고타는 발전이 아닌 착취와 억압의 도시처럼 느껴졌다. 아닌 게 아니라 당시 콜롬비아는 라우레아노 고메스 정부의 억압적인 공포 정치가 횡행하고 있던 때였다. 특색 없는 시내의 건물들, 자동차와 사람들의 바쁜 모습, 박물관과 자전거 시합 등을 구경한 것을 빼놓고는 특별히 한 일 없이 일주일이라는 시간을 허비한 것 같은 느낌을 그들은 지울 수가 없었다.

다행스럽게도 그곳 아르헨티나 영사의 덕분으로 그들은 베네수엘라로 가는 버스를 탈 수 있었다. 하지만 보고타에서 오염된 공기를 너무 많이 마신 탓인지 에르네스토는 베네수엘라로 가는 도중 두 번이나 심한 천식 증세를 일으켰다.

7월 18일, 그들은 드디어 베네수엘라의 수도인 카라카스에 도착하였다. 하지만 그들이 카라카스에 도착했다는 것은 두 사람의 작별이 임박해 오고 있음을 의미하는 것이기도 했다. 무려 7개월 동안이나 같이 여행을 하였던 두 사람은 이제 자신들의 길을 가기 위해서 헤어져야 할 시간이 된 것이다. 알베르토는 카라카스의 한 연구소에서 계속 연구에 몰두할 계획을 가지고 있었다. 반면 에르네스토는 다시 부에노스아이레스로 돌아가 대학을 마치고 의사 자격시험을 통과해야만 했다.

에르네스토는 마이애미로 가는 화물 비행기 편으로 플로리다를 거쳐 아르헨티나로 돌아갈 계획을 세웠다. 그렇지만 그는 알베르토와 이별한다는 것이 믿기지 않았으며, 무려 7개월 동안 동고동락하면서 익숙해진 생활 방식과도 멀어져야 할 것을 생각하면 암담하기만 하였다.

7월 26일, 에르네스토와 알베르토는 마이케티아 공항에 나왔다. 에르네스토는 비행기에 오를 준비를 하였으며, 알베르토는 묵묵히 그것을 지켜보고 있었다. 두 사람은 아쉬운 감정을 숨기기 위해서 서로 딴청을 피웠다. 마침내 에르네스토가 탑승할 시간이 되자 약간 울먹이는 소리로 알베르토가 말했다.

"시험에 합격하고 여기로 다시 와. 그때는 멕시코까지 여행하자."

비행기는 긴 여운을 남기고 이륙했다.

집으로 돌아가기 전까지 에르네스토는 알베르토가 없다는 사실에 너무 힘들어했다. 천식이 거의 진정되었음에도 불구하고, 그는 마치 무슨 병이라도 앓고 있는 사람처럼 보일 정도였다. 심지어 알베르토에게 뭔가를 얘기하려는 듯 습관처럼 옆을 돌아다보았다.

하지만 알베르토는 그의 곁에 있지 않았다.

에르네스토는 이 모든 잡념을 떨치기 위해서 여행 중 어느 곳에서 만났는지 기억나지 않는 한 사람을 떠올렸다. 어둠 속에서 만났던 그 사내에 대해서 기억할 수 있는 것이라곤 그의 눈에서 뿜어 나오던 광채와 하얀 이빨, 그리고 그가 남긴 몇 마디의 말들이 전부였다. 에르네스토는 그 말들을 회상해 보았다.

"미래는 민중의 것입니다. 어느 날엔가는 반드시 서서히 혹은 갑자기 전 세계의 모든 민중이 권력을 잡을 것입니다. 그러기 위해서는 민중이 교육을 받아야 합니다. 하지만 권력을 잡기 전까지 민중은 교육을 받을 기회가 없지요. 결국 그들은 실수를 통해서 스스로 배우는 수밖에 없습니다. 이 실수는 간혹 무고한 많은 생명을 앗아갈 수도 있지요. 하지만 민중은 막대한 희생을 감수하고도 혁명을 일으킵니다. 그들에게 희생이란 더 이상 개인적인 것이 아닙니다. 당신 역시 나만큼이나 유용한 존재임에 틀림없습니다. 그러나 우리 각자의 희생이 이 사회에 얼마나 큰 기여를 하고 있는지 스스로 깨닫지 못하는 수가 있습니다."

이 말을 회상하면서 에르네스토는 결심했다. 만약 이 세계가 두 개의 적대적인 세력으로 나뉘어져 있다면 반드시 억압받고 착취당하는 민중의 편에 서겠다는 것을. 그는 진정한 혁명과 개개의 의지를 존중하는 위대한 평등주의자가 되어 자신을 희생할 각오를 다졌다. 이미 에르네스토의 코에는 화약과 피의 냄새가 배어들기 시작하였으며, 그의 귀에는 승리한 프롤레타리아트의 폭발하는 환호성이 들리고 있었다. 그는 이미 혁명가로서 자신을 희생할 만반의 준비를 하고 있었던 것이다.

3장

'체' 게바라의 탄생

다시 여행에 나서다

플로리다를 거쳐서 부에노스아이레스로 돌아온 에르네스토 게바라는 1953년 6월 12일 의학 박사 학위를 받았다. 여행을 떠나기 전 부모님과 했던 약속을 지킨 것이다. 그런데 의사가 되면 다시 여행을 떠나자던 알베르토의 말이 그의 머릿속을 떠나지 않았다. 빨리 안정된 의사직을 얻어 정착할 것을 바랐던 어머니 셀리아의 기대와는 달리 에르네스토는 다시 아메리카 대륙을 여행하겠다는 계획을 세워 놓고 있었다.

하지만 이번 여행의 동반자는 알베르토 그라나도가 아니었다. 에르네스토의 집안 친척이자 친구이기도 하였던 칼리카 페레르가 에르네스토의 두 번째 여행의 동반자가 되었다. 1953년 7월 7일의 오후, 바람이 매섭게 차가운 겨울날 열차를 타고 두 사람의 여행은 시작되었다. 에르네스토의 어머니는 왠지 모를 불길한 예감에 사로잡혔다. 그렇지만 결단력이 강하고 한번 결심한 일에 대해서는 좀처럼 고집을 꺾으려 들지 않는 아들의 성격을 너무나도 잘 알고 있던 터라 아들의 여행을 말리지 못했다. 이미 7개월간의 긴 장정의 경험이 있기에 천식에 대한 지나친 주의도 필요 없었다. 다만 착잡한 심정으로 최대한 냉정을 유지하면서 아들을 보내 줄 수밖에 없는 노릇이었다. 셀리아의 예감은 적중했다. 그녀는 그렇게 아들과 헤어진 후 자신과 전혀 상관없는 먼 이국에서 혁명가의 임무를 완성하고 정부의 주요 인사가 될 때까지의 수많은 세월 동안 아들의 얼굴을 볼 수 없었기 때문이다.

에르네스토와 페레르가 아르헨티나 땅을 떠나 처음 도착한 곳은 볼리비아의 라파스였다. 집 한 채를 빌려 그곳에 머물면서 에르네스토는 라파스의 시가지를 돌아보았다. 가난한 인디오와 부유한 백인들이 엄격한 대조를 이루면서도 조용하게 살아가는 그곳에 눈에 띄는 변화라고는 아무것도 보이지 않았다. 당시 개혁적인 파즈 에르네스토 정부가 들어섬에 따라 볼리비아의 급진적인 개혁이 이루어질 것이라던 기대는 거의 실망으로 바뀌어 가고 있었다. 앞으로 개혁이 어떤 방향으로 진행될지 혹은 개혁의 의지가 도대체 있기나 한 것인지에 대한 궁금증 때문에 에르네스토는 농업 장관과의 면담을 신청하기도 하였다. 그곳에는 면담을 기다리는 수많은 인디오의 줄이 늘어서 있었다. 그들은 땅을 무상으로 나누어 주기로 한 정부의 약속 때문에 찾아온 사람들이었다. 그때 한 사내가 나타나서 강력한 살충제 DDT를 넣은 분무기를 인디오들에게 마구 뿌려 대었다.

이 모습을 본 에르네스토의 심정은 참담했다. 인디오들에게 땅을 나눠 주는 과감한 개혁 정책도 그들에 대한 애정과 존경심이 없이는 형식적인 정치적 선동에 불과하다는 것을 꿰뚫어 보았던 것이다. 그래서 라파스에 머물고 있던 에르네스토는 볼리비아에서 자유의 물결이 몰아치는 것을 목격하면서도 결코 그것에 대한 낙관적인 전망을 가질 수가 없었다. 오히려 그는 볼리비아에서 부는 혁명의 미래가 암울한 것이라고 생각하였다.

에르네스토가 라파스에 머물고 있던 시기인 1953년 7월 26일, 쿠바섬에서는 피델 카스트로라는 젊은 인물이 학생들을 이끌고 산티아고의 몬카다 병영을 습격하는 사건이 발생하였다. 볼리비아에서 에르네스토는 그 소식을 듣긴 하였지만, 피델 카스트로가 자신의 운명에 가장 큰 영향을 끼칠 사람이라는 사실을 짐작조차 하지 못하고 있었다.

혁명 전사 '체' 게바라로 거듭나다

볼리비아를 떠난 에르네스토는 페루와 에콰도르를 거쳐 과테말라에 도착하였다. 그와 함께 아르헨티나를 떠나 왔던 페레르와는 도중에 이미 결별을 한 상태였다. 과테말라에서 에르네스토는 한 나병원의 간호사로 취직했다. 간신히 생활비를 충당할 정도의 급여만을 받았지만 오후 시간을 마음대로 활용할 수 있는 장점이 있었다.

1953년 12월 20일, 과테말라에서 에르네스토는 일다 가데아 아코스타라는 여인과 처음 만났다. 인디오 피가 흐르는 페루 출신의 일다는 에르네스토보다 세 살이나 많은 연상의 여인이었다. 그녀는 1948년 페루에서 군부 쿠데타 정권이 들어선 후 과테말라로 망명한 상태였다. 경제학을 전공한 경제학자이기도 하였던 그녀는 좌익 운동 단체인 APRA(아프리스타 청년 동맹)의 회원이기도 하였다. 엄청난 양의 독서를 통해 뛰어난 학식과 판단력을 기른 데다가 탁월한 선동가이기도 하였던 일다는 그곳의 좌익 세력들 사이에서도 이미 잘 알려진 인물이었다.

에르네스토는 일다를 처음 만난 순간부터 그녀에게 끌렸다. 박식하면서도 활달하며 남의 이야기를 끝까지 잘 들어 주는 이 여인에게 객지 생활에 지친 청년은 포근한 안락함을 발견하였다. 일다 역시 에르네스토에게 약간의 호감을 느꼈으나, 아직 사상적으로나 신분적으로 전혀 검증이 안 된 낯선 사내에게 자신의 마음을 빼앗기지 않으려고 노력하였다. 에르네스토의 잘생긴 외모 탓에 신중한 성격의 그녀로서는 더욱 미심쩍어할 수밖에 없었다.

두 사람은 서로 책도 교환하고 읽은 책에 대해서 토론도 하자는 명목 아래 만남의 횟수를 늘려나갔다. 그들은 사회학과 형이상학, 그리고 종교 등 다양한 주제에 대해서 토론을 벌였지만, 그것은 호감이 가는 대상에 대한 일종의 탐색전이란 의미도 있었다. 당시 일다는 에르네스토에게 많은 책을 권하기도 하고 또 직접 빌려주기도 하였는데, 그중에는 중국의 지도자 마오쩌둥의 저서도 있었다. 마오쩌둥의 저서를 특히 감명 깊게 읽은 에르네스토는 마오쩌둥을 마음속으로 흠모하게 되었으며, 그를 현존하는 최고의 혁명가이자

지도자로 여기게 되었다. 후에 그가 쿠바의 외무장관이 되어 마오쩌둥을 만나 그와 직접 대화하게 되리라는 것은 꿈도 꾸지 못한 채 말이다.

책에 대한 두 사람의 대화는 진지했다. 그들은 관념론에 대한 거부와 유물론에 대한 찬성이라는 점에서 의견이 일치했다. 또 개인은 사회의 한 구성원으로서 의미를 지니며 개인의 행복은 사회 환경의 변화를 통해서만 가능하다는 마르크스주의의 원칙에 대해서도 똑같이 신뢰하였다. 하지만 프랑스의 실존철학가 사르트르에 대한 그들의 입장은 달랐다.

"개인의 실존적 삶을 최고의 가치로 내세우는 실존철학에 대해서 저는 결코 동의할 수 없어요."

실존철학에 대한 일다의 비판에 대해 에르네스토가 반박하였다.

"개인의 실존적 삶을 자신의 철학적 원리의 출발로 삼는다고 해서 그것이 곧 사회적 실천의 포기로 이어지는 것은 아니지. 오히려 그런 실존철학적 원칙이 전제되지 않는 사회적 실천이나 혁명 따위야말로 기만이 아닐까?"

그들의 이런 진지한 토론은 자주 장시간에 걸쳐 진행되곤 했다.

일다와의 만남은 에르네스토의 생애에서 사랑하는 여인과의 만남이라는 의미 이상이었다. 일다와의 만남을 통해서 에르네스토는 당시 아메리카의 좌익 세력들과 본격적인 인연을 맺게 되었기 때문이다. 일다는 자신과 마찬가지의 처지에 있던 페루의 망명객들에게 그를 소개했을 뿐만 아니라, 당시 쿠바의 반정부 세력들과도 친분을 가질 기회를 만들어 주었다.

말하자면 일다는 에르네스토에게 다른 혁명 세력들을 연결시켜 주는 가교였던 셈이다. 일다를 통해 에르네스토는 점차 그들의 세계에 발을 들여놓게 되었을 뿐만 아니라, 이미 그 세계의 당당한 일원이 되어 가고 있었다. 이 세계에서 에르네스토는 점차 '체(Che)'라는 이름으로 알려지기 시작했다. 원래 '체'라는 말은 아르헨티나에서 남자들의 이름 앞에 일상적으로 붙이는 말이었다. 당시 낯선 이국땅 과테말라에서는 이방인인 아르헨티나 출신의 에르네스토를 지칭하기 위한 일종의 애칭으로 그를 '체'라고 불렀던 것이다.

에르네스토 게바라가 '체' 게바라로 불리어진 것은 특별한 의미를 갖는다. 과거의 에르네스토가 아르헨티나 중산층 출신의 의사를 지칭한다면, 이제 체 게바라는 새롭게 태어난 아메리카 대륙의 혁명 전사를 지칭하는 이름이 되었기 때문이다.

에르네스토가 혁명가 체 게바라로 거듭 탄생하게 된 결정적인 계기는 그가 머무르고 있던 과테말라에서 일어난 뜻하지 않은 쿠데타였다. 당시 과테말라는 아르벤즈 대통령이 통치하고 있었다. 아르벤즈 정부는 급진적인 자유주의 노선을 따르고 있었으므로 일다와 같은 페루의 망명객들이나 쿠바의 위험인물이 모두 그곳에 모여들 수 있었던 것이다. 과테말라에 생활의 터전을 잡고 있던 에르네스토는 비록 그곳에 안주하겠다는 생각은 추호도 하고 있지 않았지만, 아르벤즈 정부에 대해서만큼은 열렬한 지지를 보내고 있었다.

아르벤즈 정부의 급진적인 노선은 미국에게는 상당히 위협적인 것이었다. 당시 미국은 남아메리카의 정부 및 대자본가들과 결탁하여 그곳에서 상당한 경제적 이익을 얻고 있었다. 지난번 알베르토와 여행했던 추키티마타 광산의 경우만 보더라도 미국이 얼마나 많은 경제적 이익을 누리고 있는지는 분명한 것이었다. 미국의 이익은 곧 남아메리카 민중의 노동력 착취를 의미하는 것이었다. 민중을 위한 급진적인 노선을 펼친 아르벤즈 정부는 미국의 눈에는 가시 같은 존재임이 틀림없었다.

그때 미국 CIA의 사주를 받은 카스틸로 아르마스 대령이 군대를 이끌고 아르벤즈 정부를 전복하는 사건이 발생하였다. 아르벤즈 정부는 얼마 안 되는 지지 세력을 이끌고 끝까지 저항했지만 7월 26일, 결국 적들에게 완전히 투항하고 말았다. 평소 아르벤즈 정부를 지지하고 있던 에르네스토, 아니 체 게바라는 이제 불법 체류자의 신세가 되어 도피해야 할 운명에 처하고 말았다.

도시는 온통 비행기에서 떨어지는 폭탄의 폭발음과 화염, 그리고 기관총 소리로 가득 찼다. 아비규환이 된 거리를 거닐면서 에르

네스토는 결심하였다.

"이제 나는 더 이상 의사 에르네스토가 아니야."

그는 지금 의사 에르네스토 게바라가 아닌, 아메리카의 혁명 전사 체 게바라로 거듭 태어나고 있었다. 그는 그러한 결심을 알리는 편지를 고향에 계시는 어머니께 보냈다.

피델 카스트로와의 역사적 만남

아르벤즈 정부가 몰락한 이후 더 이상 과테말라에서 체류할 수 없게 된 체 게바라는 멕시코로 발걸음을 옮겼다. 이미 과테말라에서 약혼식을 올린 그의 약혼녀 일다 역시 과테말라 정부로부터 추방되어 체 게바라보다 조금 늦게 멕시코에서 합류하였다. 그들뿐만 아니라 과테말라에 머물던 쿠바의 반정부 세력들 또한 속속 멕시코로 모여들었다. 당시 그들 중에는 1953년 7월 26일 피델 카스트로와 함께 몬카다 병영을 습격했던 사람들도 있었다. 그들이 주축이 되어 몬카다 병영 사건의 정신을 기리는 'M7-26'이라는 모임이 탄생하였다. 체 게바라는 비록 쿠바에 가 본 적은 없었지만 몬카다 병영 사건에 대한 얘기를 들으면서 그곳에 대한 환상을 품기 시작했다.

특히 그는 피델과 직접 활동했던 쿠바인들에게 관심을 보이면서 피델 카스트로라는 인물에 대해서 어떤 얘기라도 듣고자 하였다. 그는 과테말라에서 니코 로페스라는 쿠바인을 만난 이래 이미 쿠바에 가고 싶다는 열망을 머릿속에서 지워 버릴 수 없었다. 그에게 쿠바는 태양과 야자수가 있는 해변의 나라가 아니라 그가 읽었던 마르크스와 레닌의 이론들을 현실화시킬 수 있는 혁명의 나라였다. 그는 공산당에 가입하지 않았지만 세계의 모든 민중이 주인이 되는 세상을 꿈꾸는 마르크스와 레닌의 사상을 누구보다도 열렬하게 옹호하였다.

체 게바라는 당시 존재하던 공산당에 대해서 냉소적인 견해를 밝혔다. 틀에 박힌 원칙만 고집하는 공산당에 큰 기대를 걸 수 없었던 것이다. 그 이전에 실제로 체 게바라는 공산당의 가입 권유를 받았지만 거절한 적이 있었다. 아르벤즈 정부가 전복된 날 동독 공산당 소속의 헤르베르트 제싱이 불법 체류자가 된 그에게 공산당 가입을 권유했었다. 제싱은 공산당에 가입하면 체류 허가가 나올 것이라고 체 게바라를 유혹하였다. 그는 사회주의 사상과 마르크스주의를 신뢰하고 있었지만 공산당원의 제안을 단호하게 거부하였다.

체 게바라는 자신이 순수한 혁명 전사가 되길 원했으며 또 그렇게 될 수 있다고 믿었다. 그런 믿음 때문에 그는 아직 만나 보지도 못한 피델 카스트로라는 쿠바인에게 흥미를 가지고 있었다. 그러던 어느 날, 체 게바라는 일다의 주선으로 피델 카스트로의 동생인 라울 카스트로와 만나게 된다. 그리고 그곳에서 라울로부터 피델 카스트로가 멕시코에 도착하는 즉시 소개해 주겠다는 다짐을 얻어냈다.

그로부터 얼마 지나지 않아서 라울은 약속을 지켰다. 1955년 7월 9일 밤, '마리아 안토니아 산체스 곤잘레스'라는 쿠바 출신 여인의 작은 아파트에서 체 게바라는 피델 카스트로와 역사적인 첫 만남을 갖게 되었다. 190센티미터의 키에 당당한 체격을 갖춘 피델 카스트로가 체 게바라 앞에 나타나자 그는 압도당하는 느낌을 받았다. 검은 머리에 콧수염까지 기른 카스트로의 모습은 게바라가 이제껏 만나고 싶어 하면서 마음속으로 그려 왔던 것과 크게 다르지 않았다.

피델 카스트로는 당당하고 확실한 어조로 말했다.

"지금 쿠바에는 아직도 짚으로 지붕을 덮은 오두막이 20만 채나 있습니다. 40만 가구는 위생과는 거리가 먼 움막에서 살며, 대다수의 아이가 구걸에 나섭니다."

그는 이어서 말했다.

"이 모든 것이 바티스타 정권에서 비롯된 것이라고 할 수는 없지만, 바티스타 정부는 민중을 위해서 그것을 개선하려는 의지가 전혀 없습니다. 그들의 목적은 뻔합니다. 쿠바의 민중을 착취하는 미국과 결탁하여 자신의 이익을 도모하는 것 외에는 전혀 관심이 없습니다."

피델 카스트로는 쿠바의 사회 문제에 대해서 힘주어 얘기했고 체 게바라와 일다 역시 자신의 견해를 피력했다. 그날 두 사람의 대화는 진지하였으며, 새벽까지 이어진 대화가 끝날 무렵에는 서로에 대한 호감과 믿음이 싹트기 시작했다. 체 게바라의 인성과 강한 신념을 확신한 피델 카스트로는 배로 쿠바에 상륙하려는 계획에 대해서도 언급하였다.

대화가 지속되면서 체 게바라는 피델의 말에서 풍기는 확신에 찬 결의와 신념을 읽을 수 있었다. 그는 자신이 피델의 말에 점차 동화되고 빨려 들어가고 있음을 발견하였다. 체 게바라는 쿠바인들의 모임인 M7-26에 가입하였다. 그리고 다른 쿠바인들보다도 더 피델 카스트로에 대한 믿음을 피력하였다. 그는 쿠바인이 되어 가고 있었다.

그즈음 그 유명한 쿠바 상륙 작전 계획이 무르익어 가고 있었다. 피델 카스트로는 요트 한 척을 빌려서 무장한 혁명 세력들을 이끌고 쿠바에 상륙할 것을 구체적으로 계획하였다. 그 계획에 대해서 체 게바라는 피델 카스트로를 처음 만난 날, 그에게 직접 들어서 알고 있었다. 하지만 체 게바라는 그 계획이 너무 무모한 것이 아닐까

하는 의구심을 지워 버릴 수 없었다. 요트 한 척에 불과 수십 명의 인원으로 쿠바의 정규군과 대적해서 싸운다는 것은 얼핏 얼토당토않은 이야기로밖에 들리지 않았기 때문이다.

그러나 그런 의구심은 피델 카스트로와 만나는 순간 사그라지고 마음속에는 이전보다 더 강한 새로운 확신이 들어찼다. 피델 카스트로는 항상 고결한 혁명적 당위성을 강조함으로써 이런 의구심이 들어설 여지를 잠재웠다. 그는 "1956년은 우리가 자유를 얻거나 순교자가 되는 해가 될 것입니다."라는 확신에 찬 결의를 공개적으로 발표하기도 했다. 이런 공표는 정치적으로도 효과가 있는 것이었다. 바티스타에 의해서 쫓겨난 쿠바의 전 대통령 프리오가 카스트로를 후원하기 위해서 거액의 기부금을 내놓기도 하였다.

쿠바 상륙 작전 계획을 들은 일다는 즉시 대원에 합류하고자 하는 바람을 나타냈다. 하지만 출산이 임박해 있었기 때문에 유일한 여전사가 되는 기회를 포기할 수밖에 없었다. 남편인 체 게바라 역시 일다와 마찬가지로 쿠바 원정대에 가입하고자 하는 뜻을 내비쳤다. 하지만 피델 카스트로로서는 그의 뜻을 선뜻 받아들일 수만은 없는 입장이었다. 무엇보다도 그는 쿠바인이 아닌 외국인이었기 때문이다. 아르헨티나인인 그가 자신의 조국도 아닌 쿠바의 해방을 위해서 성공 가능성이 희박한 혁명전쟁에 목숨을 건다는 것을 쉽게 받아들일 수 없었다. 하지만 피델 카스트로는 체 게바라의 됨됨이를 자신 특유의 직관력을 통해서 알아차릴 수 있었다.

피델 카스트로는 묘안을 떠올렸다. 당시 원정대에는 의사가 한 명도 없었다. 그래서 정식 혁명 군인이 아닌 의사 자격이라는 명목을 빌려서 체 게바라를 원정대에 받아들였다. 그런 확실한 대의명분이 있었기 때문에 다른 대원들 역시 카스트로의 결정에 반대할 이유가 없었다.

쿠바 상륙 작전이 결정된 이상 그들에게 가장 시급한 것은 혁명군에 적합한 군사 훈련을 받는 것이었다. 상륙 이후에 정규군과의 전투에서 승리하기 위해서는 무엇보다도 강한 체력과 군사 기술 그리고 정신력이 필수적이었다. 체 게바라는 카스트로와 처음 만났던 아파트의 주인인 마리아 안토니아의 남편으로부터 전투 훈련을 받았다. 그는 멕시코인이었는데 그 분야의 전문가였다. 축구와 농구를 통해서 협동심을 길렀으며, 근처 산의 정상을 오르면서 산으로 둘러싸인 쿠바의 지형에도 효율적으로 대처할 수 있는 능력을 키웠다. 비록 의사라는 명분으로 혁명 원정대에 가입하긴 했지만, 원정대의 일원으로서 체 게바라 역시 다른 대원과 똑같은 군사 훈련을 받아야 했다.

계속되는 훈련 과정에서 체 게바라는 다른 대원보다 더 훌륭한 군인으로서의 자질을 발휘하기 시작했다. 어릴 때부터 천식을 이겨 내기 위해서 스스로를 운동으로 단련한 체 게바라는 다른 누구보다도 민첩하고 강인한 체력과 인내력으로 훈련에서 두각을 나타내었다.

멕시코 교외의 사격 연습장에서 치러진 사격 훈련에서도 체 게바라는 단연 두각을 나타내었다. 그에게는 어릴 때부터 이미 리볼버 권총으로 사격 연습을 많이 해 본 경험이 있었기 때문이다. 피델 카스트로는 스페인 내전에 직접 참가하였던 알베르토 바요 장군에게 군사 훈련을 부탁하였다. 바요 장군은《카리브해의 폭풍》을 써서 유명해지기도 했는데, 체 게바라는 그 명장에게 직접 훈련을 받는 기회뿐만 아니라, 그 책을 읽고 직접 토론하는 영광도 누릴 수가 있었다. 그는 바요 장군이 주인공으로 등장하는 서사시를 써서 선사하기도 하였다.

군사 훈련에서 뛰어난 능력을 보였던 체 게바라는 훈련생 대표라는 영광스러운 감투를 쓰게 된다. 그는 군사 훈련에 몸담으면서도 과연 소수의 무력한 혁명군이 엄청난 역사적 과업을 달성할 수 있을까 하는 의문을 떨쳐 버릴 수 없었다. 하지만 자발적 참여로 일사불란하게 이루어지는 훈련 과정을 체험하면서 혁명의 성공에 대해서 점차 강한 확신을 가지기 시작했다.

또 다른 조국 쿠바

1956년 2월 13일, 체 게바라의 첫째 딸 일디타가 태어났다. 예정보다 1주일 앞서 태어난 일디타는 배 속에 있을 때에는 '블라디미르 에르네스토'라는 이름으로 불렸다. 배 속의 아이가 아마도 아들일 것이라고 예상한 체 게바라는 블라디미르 일리치 레닌의 이름에서 블라디미르를 따고 자신의 이름에서 에르네스토라는 이름을 따서 블라디미르 에르네스토라고 불렀던 것이다. 그런데 사내아이가 아닌 여자아이가 태어났기 때문에 이름을 바꿔야 했다.

자신의 딸아이를 처음으로 대면하게 되었을 때, 체 게바라는 아이의 건강하고 통통한 모습에 대단히 흡족해했다. 그는 귀여운 일디타를 보고 마오쩌둥을 닮았다며 사람들에게 자랑스럽게 떠들어 댔다. 그리고는 일디타를 '나의 사랑스러운 마오쩌둥'이라고 부르기도 하였다.

피델 카스트로가 일다의 출산을 축하하기 위해서 체와 일다 부부를 방문했을 때, 그는 확신에 찬 어조로 "이 아이는 쿠바에서 성장하게 될 것입니다."라고 말하였다. 하지만 쿠바 혁명의 성공에 대한 이런 확신에 찬 말이 나온 지 얼마 안 되어 혁명의 계획에 커다란 차질을 빚게 될 사건이 발생한다. 피델 카스트로가 다른 네 명의 쿠바인들과 함께 체포된 것이다. 체류 허가 기간을 넘겼다는 명목이었지만, 이미 피델 카스트로의 위험성을 간파한 쿠바의 바티스타 정권과 미국, 그리고 멕시코의 담합에서 비롯된 사건이었다.

피델 카스트로는 이미 만만한 인물이 아니었다. 아메리카 각지의 많은 정당 지도자와 진보 단체를 이끌던 인사들이 피델 카스트로를 석방하라는 압력을 멕시코 정부에 행사하였다. 쿠바의 바티스타 정부와 공조하던 멕시코 정부로서도 계속되는 압력과 구속에 대한 뚜렷한 명분이 없었기 때문에 어쩔 수 없이 피델 카스트로를 석방하였다. 피델 카스트로의 체포와 석방은 미국과 아메리카 대륙의 많은 신문에 크게 보도되었다. 이것은 오히려 피델의 존재를 쿠바 사람들에게 알리고 각인시키는 좋은 계기가 되었다.

하지만 같은 이유로 피델 카스트로보다 조금 늦게 체포된 체 게바라는 여전히 석방되지 못한 채였다. 일다는 그의 딸 일디타를 데리고 체 게바라를 정기적으로 면회하였는데, 비록 제한된 짧은 시간이나마 가족은 단란한 시간을 보낼 수 있었다.

한편 바티스타의 정치적 공세가 거세어지자 피델 카스트로는 쿠바 상륙 작전을 더 이상 미룰 수가 없게 되었다. 시간이 지체될수록 그들에게는 상황이 불리하게 전개될 것이 뻔하기 때문이었다. 그렇지만 피델은 감옥에 있는 체 게바라를 떼어 놓고 가겠다는 생각은 추호도 하지 않았다. 체 게바라는 상황의 긴박함을 잘 알고 있는 터라 피델이 자신을 면회하러 왔을 때 먼저 말을 꺼냈다.

"상황이 긴박하니 제 걱정은 말고 작전을 하루라도 빨리 실행하는 것이 좋을 듯한데요."

체 게바라의 말이 끝나기가 무섭게 피델이 말했다.

"그럴 수는 없네. 우리는 자네를 기다릴 걸세. 그리고 자네를 빨리 석방시키기 위해서 최선을 다할 것이라네."

피델의 강한 의지를 간파한 체 게바라는 더 이상 자신의 입장을 고집하지 않았다. 피델이 다시 입을 열었다.

"체 게바라는 우리 쿠바 혁명에 없어서는 안 될 사람이네. 자네가 없이 혁명의 승리는 불가능하다고 생각하네."

피델의 말이 그에게 동료 의식과 사명감을 불어넣으려는 의도를 가진 것이라는 사실을 체 게바라는 누구보다도 잘 알고 있었다. 그 역시 피델에게 자신의 강력한 의지와 사명감, 그리고 혁명에 대한 진지함을 나타냈다.

"당신을 만난 순간부터 저는 쿠바인과 하나가 되었습니다. 제게 쿠바는 결코 낯선 이국이 아닙니다. 쿠바는 제게 또 다른 조국입니다. 어쩌면 남아메리카 대륙, 나아가 전 세계 대륙이 저에게는 하나의 조국인 셈입니다."

4장

쿠바 혁명에 뛰어들다

혁명의 시작

더 이상 지체할 수 없었다. 바티스타와 밀약을 맺은 멕시코 정부의 소탕 작전은 점점 더 거세어지고 있었다. 이제 바야흐로 행동으로 옮길 시간이 다가오고 있었던 것이다. 우선 피델은 체 게바라를 빼내야겠다고 생각하고 적당한 방법을 생각해 내었다. 이미 부패할 대로 부패한 멕시코 정부로부터 정당한 절차로 체 게바라를 석방시키는 것은 불가능한 일이었다. 피델은 상당한 돈을 써서 체 게바라와 또 다른 죄수 칼릭스토를 석방시킬 수 있었다.

피델은 쿠바에 상륙할 만반의 준비를 완료하는 의미에서 어디선가 한 척의 배를 구해 왔다. 할머니라는 뜻을 가진 '그란마'라는 요트를 미국인으로부터 사 왔다. 나무로 만들어졌으며 제조된 지도

13년이 지난 그 요트는 길이 13.25미터에 폭이 4.79미터밖에 안 되는 결코 크다고 할 수 없는 아담한 크기의 배였다. 그리고 배의 적정 인원도 25명밖에 되지 않았다.

피델은 당시 선박에 관한 지식과 기술을 어느 정도 갖춘 추추 레예스라는 대원을 불러서 말했다.

"이 배를 우리 대원 전부가 탈 수 있도록 개조해 주게."

"여든두 명이나 되는 대원 전부가 탈 수 있도록 말입니까?"

그가 불가능하다는 듯이 고개를 저으며 말했다.

"그렇다네. 이 일은 앞으로 닥칠 험난한 과정에 비하면 전혀 불가능한 일이 아니라고 생각하네."

레예스는 더 이상 대꾸하지 않고 불가능해 보이는 일을 성공적으로 수행하였다.

멕시코 각지에 흩어져 있던 쿠바의 혁명가들은 그란마호가 정박해 있는 항구로 모여들었다. 1956년 11월 25일 오전 1시 30분, 마침내 그란마호는 82명의 대원을 싣고 역사적인 출항을 시작하였다. 82명의 대원 속에는 이탈리아에서 온 지노 돈네, 멕시코에서 온 기옌, 도미니카에서 온 라몬 메이하스, 그리고 아르헨티나에서 온 체 게바라 등 4명의 외국인도 끼어 있었다. 그들은 모두 앞으로 전세계적으로 유명해질 올리브그린색 군복을 입고 있었다. 그란마호에 승선할 부대의 조직은 피델 카스트로를 총사령관으로 그 밑에

참모 본부가 있었으며, 각각 20명의 부대원으로 구성된 3개의 중대가 전부였다.

출항 전부터 어려움을 예상하긴 했지만 실제 그란마호의 항해는 그것보다 훨씬 더 어려웠다. 멕시코 해군의 경계망을 벗어나 멕시코 만을 지날 때부터 예상치 못한 강풍으로 속도는 더디어졌다. 거센 풍랑은 선체를 뒤흔들었으며 배에 탄 대원들의 내장과 머릿속까지 다 흔들어 놓았다. 더욱 나쁜 일은 닷새밖에 지나지 않았는데 식량이 거의 다 떨어져 가고 있다는 사실이었다. 간신히 쿠바의 해안선에 다다랐을 때는 물과 연료마저도 완전히 바닥나 버렸다.

멕시코에서 출발한 이래 한 번도 좋은 상황을 맞이한 적이 없던 그란마호는 12월 2일 새벽, 마침내 라스콜로라디스 해안가의 벨릭이라는 늪지에 발이 묶이고 말았다. 예상치 않은 곳에 떨어진 그들은 원래 계획된 본토의 지원군과 합류할 수 없었다. 더욱 불행한 일은 선체가 늪지에 처박혀 꼼짝할 수 없게 된 것이다. 대원들은 가벼운 무기만 챙겨서 그곳을 탈출해야 했다. 그들이 통과해야 했던 맹그로브 숲은 정말 끔찍한 곳이었다. 칼날같이 예리한 풀잎들이 대원들의 살을 사정없이 베었으며, 모기떼들마저도 참을 수 없을 정도로 성가시게 하였다. 숲속에서 대원 8명이 길을 잃고 실종되고 말았다. 체 게바라는 그란마호가 쿠바에 상륙한 것이 아니라 사실상 좌초된 것이라고 생각하였다.

그들은 절망적으로 지원군을 기다리며 계속 행군해 나갔다. 한편 선체를 발견한 한 농민의 신고로 정부군은 반군의 목을 죄며 그들을 추적해 왔다. 반군은 마침내 지원군을 만났다. 새롭게 충전한 그란마호의 대원들은 카보크루스 산에 위치한 알레그리아델피오라는 사탕수수 농장에 진을 치고 휴식을 취했다.

지친 대원들은 몇 시간 후에 다가올 재앙을 전혀 눈치채지 못한 채 평온함을 만끽하고 있었다. 그들을 그곳으로 안내한 타토 베가라는 농민이 몰래 빠져나가서 정부군에게 밀고하였다. 얼마 후 쿵하는 소리와 함께 대원들 앞으로 포탄이 날아들었다. 머리 위로는 경비행기들이 주위를 돌면서 폭탄을 계속 떨어뜨렸다. 사방에서 총탄이 날아오고 총성은 고막을 찢는 듯했다. 체 게바라를 비롯한 모든 대원이 소총으로 응수하려 했지만 역부족이었다. 피델은 사탕수수밭에서 다시 대원들을 집결해 보려고 소리쳤으나 아무런 소용이 없었다. 그때 한 대원이 총알과 약품이 든 상자를 모두 내버리고 도망쳤다.

체 게바라가 소리쳤다.

"총알과 약품이 든 상자를 두고 가면 어떻게 하오?"

그 말을 들은 대원이 오히려 더 크게 소리쳤다.

"지금 이 상황에 총알과 약품이 다 무슨 소용이란 말이야."

체 게바라는 잠시 갈등에 빠졌다. 총알이 든 상자와 약품이 든 상자를 한꺼번에 들 수는 없었기 때문에 어떤 것을 선택해야 하는지 그는 자신에게 물었다.

"나는 의사인가, 아니면 혁명 전사인가?"

그는 자신의 길을 분명히 알고 있었다. 답은 내려졌다. 체 게바라는 약품이 든 상자가 아닌 탄약 상자를 택했다. 그것은 체 게바라가 이곳에 온 목적을 분명하게 나타내는 선택이었으며, 그의 철학에서 나온 당연한 선택이었다.

알레그리아델피오에서 뜻하지 않는 기습을 당함으로써 그란마호 원정대는 이제 거의 해체될 지경에 이르렀다. 체 게바라 역시 피를 흘리며 쓰러졌으나 의식을 잃지 않으려고 엄청나게 노력하였다. 이날의 기습 공격으로 이제 그란마호 원정대원 중 온전하게 살아남은 사람들은 14명에 불과하였다.

어떻게 계산하더라도 14명의 대원은 절대적으로 부족한 숫자였다. 그러나 그런 계산법은 피델에게 통하지 않았다. 그는 "우리는 열네 명밖에 없지만 충분한 숫자다."라고 호언장담함으로써 대원들의 사기를 북돋웠다. 1956년 12월, 그들은 시에라 마에스트라에 도달한다. 산악 지대이자 문명의 손길이 거의 미치지 않은 시에라 마에스트라는 앞으로 쿠바 혁명의 본거지이자 최초의 해방구로 혁명의 역사에 길이 빛날 것이었다. 하지만 그들이 이곳에 처음 들어섰을 때는 다시 합류한 대원들을 포함해서 고작 19명에 불과하였다. 반면 그들 앞에는 최신 화기로 무장한 4,000명의 정규군이 대기하고 있었다.

수적 열세와 더불어 식량마저 고갈된 대원들에게 구세주가 나타났다. '셀리아 산체스' 혹은 '알메이다'라고 불리는 여인이 그들 앞에 등장했다. 그란마호가 빠진 늪에서 멀지 않은 장소에서 살고 있던 그녀는 바티스타가 쿠데타로 정권을 잡은 이후 M7-26과 계속 연결을 맺고 있던 여성 혁명가였다. 셀리아 산체스는 피델과 체의 부대가 위기에 빠질 때마다 큰 힘이 되어 주곤 하였다. 새롭게 가입한 대원들을 포함하여 그 수가 40명을 넘어서고 있었다.

알레그리아델피오에서 엄청난 비극을 겪은 지 한 달 만에 그들은 라플라타강 하구에 있는 해군 병영을 습격할 계획을 세웠다. 1월 27일 오전 2시 40분, 대원들은 라플라타 병영을 기습했다. 그곳에서 반군은 큰 승리를 거두었다. 정부군은 사망 2명에 부상 5명, 그리고 3명이 포로로 잡히는 손실을 겪었다. 피델이 지휘한 반군은 누구 하나 가벼운 부상도 입지 않았다. 그리고 포로 중 한 명이 반군에 가담하기로 하는 뜻하지 않은 큰 수확까지도 얻었다. 게다가 반군은 속사 권총 8정, 경기관총 1정, 탄약통 1,000개, 구급약 상자, 옷과 식량 등의 전리품을 획득했다.

체 게바라는 포로들을 대하는 반군과 정부군의 태도가 대조적이며, 이런 차이가 전쟁을 승리로 이끌게 하는 요인이 된다는 것을 깨닫게 되었다. 반군이 인간에 대한 애정을 가지고 포로를 대했다면, 정부군은 그런 애정이나 동료애가 결여되어 있었다. 나중에 부대를 이끄는 대장의 지위에 올랐을 때 체 게바라는 아무리 적일지라도 인간 존엄성에 대한 원칙을 잊지 않도록 대원들에게 강조하였다. 혁명전쟁의 목적은 결국 인간을 위한 전쟁이라는 사실을 잊어서는 안 된다는 것이 그의 일관된 원칙이었다. 그리고 실질적으로도 이런 인간주의적 원칙은 혁명군이 승리할 수 있는 큰 힘으로 작용하였다. 전쟁에서는 물리적 능력보다 심리적인 요인이 더 크게 작용할 수 있다. 특히 전쟁이 장기화될수록 그런 경향은 더욱 커진다. 어떤 경우에도 인간 존엄성의 원칙을 포기하지 않으려는 체 게바라의 태도가 그것을 증명하였다.

대중을 게릴라 편으로 만들다

게릴라들에게는 정부군과의 전투 못지않게, 아니 그 이상의 중요성을 가진 과업이 있었다. 그것은 혁명전쟁이 궁극적으로 추구하는 대상인 농민들로부터 신임을 얻는 일이었다. 혁명이 궁극적으로 대변하고자 하는 대중, 특히 농민들이 게릴라들을 신뢰하지 않는다면 그것은 모순이다. 또 농민들의 지지를 얻어 그들로부터 지원을 얻는다면 그것은 승리를 위한 실질적인 발판이 될 수 있을 것이다. 만약 그러지 못한다면 완전한 승리란 불가능한 일이 될 것이다.

한창이던 전투가 꽤 오랫동안 잠잠해지면 게릴라들은 농민들의 일을 돕는 데 열심이었다. 그것은 정부군에 의해서 왜곡 선전된 게릴라들에 대한 편견을 없애는 데에도 큰 도움이 되었다. 엄숙함과 냉정함마저 갖춘 체 게바라가 어린아이들을 번쩍 들어 줄 때면 무시무시한 존재로만 여겨졌던 게릴라에 대한 인상이 180도로 바뀌었다.

특히 체 게바라는 시간이 날 때마다 병원 문턱도 구경해 보지 못한 시에라 마에스트라 사람들을 진료해 주었다. 물론 진료비는 일절 받지 않았다. 병원이 멀리 떨어져 있을 뿐만 아니라 진료비가 비싸서 병원에 갈 엄두도 내지 못했던 사람들은 의사의 무료 진료에 눈이 휘둥그레졌다.

의술을 통해서 체 게바라는 많은 농민을 게릴라 편으로 끌어들일 수 있었다. 사실 그의 무료 진료는 전술적 의도를 담고 있는 것이라기보다는 자신의 능력을 민중을 위해서 사용해야 한다는 소박하지만 쉽게 실현하기 어려운 원칙으로부터 나온 행동이었다. 그는 의료 활동을 하면서 어떤 정치적 발언도 하지 않았다. 그런 점 때문에 그는 시에라 마에스트라 사람들에게 더 가까이 다가갈 수 있었다.

또한 그는 교전이 없을 때면 대원들이나 심지어 농민들에게 글을 가르치기도 하였다. 그가 처음 가르친 제자는 훌리오 제논이라는 농부였다. 그리고 피델의 동생 라울 카스트로에게는 프랑스어를 가르치기도 하였다. 수업이 끝나면 그는 언제나 독서를 하였다.

그것은 어릴 때부터 몸에 붙은 습성이기도 하였다. 그의 독서와 교육에 대한 열정은 결정적인 궁지에 몰려 죽음이 임박한 순간까지도 계속되었다.

체 게바라의 명성은 그 지역과 주변 지역에까지 널리 퍼졌다. 심지어 그 지역의 라디오 방송에서도 체 게바라의 이름이 적잖게 언급되곤 하였다. 사람들은 백인 의사 체 게바라에게 상당한 호감을 갖기 시작했다.

전쟁에서 언론의 역할만큼 중요한 것도 드물다. 언론의 보도는 어느 한 편의 사기를 크게 떨어뜨리거나 고양시켜서 예기치 않은 결과를 몰고 오기도 한다. 심지어 거짓으로 자기편의 정세를 유리하게 보도하여 상대편의 기를 죽이는 고도의 심리전을 대신하기도 한다. 바티스타 정부는 쿠바 언론을 완전히 장악하고 있으면서도 그것을 효율적으로 사용하지 못한 반면, 게릴라의 지도자 피델 카스트로는 그들에게 주어지는 흔하지 않은 기회를 정치적으로 잘 활용하였다.

한번은 셀리아가 주선하여 미국의 시사 주간지 〈타임〉의 기자인 허버트 매튜스가 피델 카스트로를 인터뷰하게 되었다. 피델은 자신이 많은 농부로부터 지지를 받고 있다는 것을 어떤 식으로든 강조하고 매튜스가 그것을 믿게 만들려고 하였다. 또한 게릴라 부대가 결코 소수의 인원으로 이루어진 부대가 아니라는 것을 알릴 좋은 기회로 생각하고, 일부러 한 대원에게 인터뷰 도중 있지도 않은 다른 중대에서 연락이 왔다고 보고하게 하였다.

피델의 이런 전술은 정확히 맞아떨어졌다. 매튜스는 반군 세력이 만만치 않아 바티스타 정권이 그들을 진압하기는 쉽지 않을 것이라는 요지의 기사를 날려 보냈다. 효과는 예상보다 더 컸다. 그 기사는 미국에서 시작해서 다시 쿠바 전역으로까지 퍼졌다. 게릴라의 존재가 크게 부각되지 않았던 상황에서 그 기사는 게릴라의 입지를 크게 강화시키는 결과를 초래하였다. 쿠바 사람들은 게릴라의 존재에 대해서 이제 분명히 깨닫게 된 것이다.

이 파문에 당황한 바티스타 정부는 국방부 장관을 통해 게릴라에 관한 뉴스가 사실무근의 유언비어라는 것을 강조하고 쿠바 국민들이 이에 당황하지 않을 것을 당부하는 담화문을 발표하였다. 그러나 국방부 장관까지 나서서 사태를 진화하려 한다는 그 자체가 이미 혁명 세력의 존재 가치를 부각하는 것이었다.

게다가 〈타임〉에 실린 기사는 미국인들과 미국 언론인들의 관심을 자극하는 결과를 만들어 냈다. 미국 굴지의 텔레비전 방송사인 CBS는 게릴라들의 생활과 투쟁을 담은 다큐멘터리까지 제작했다. 그들은 장장 2개월에 걸쳐 게릴라들의 생활상을 구체적이고도 생생하게 찍었다. 그 다큐멘터리는 미국인들에게 게릴라에 대한 우호적이고도 강렬한 인상을 심어 주게 되었다.

결국 그 다큐멘터리는 게릴라들에 대한 선입견을 지우는 데 크게 한몫을 했고, 이는 바티스타를 더욱 화나게 하는 것이었다. 게다가 미국 내의 여론까지도 좋게 만드는 역할을 하였다. 절대로 물러설 수 없는 원칙에 대해서는 한 발짝도 양보하지 않지만, 정치적으로는 그때마다 유연하게 잘 대처한 피델 카스트로는 미국 사람들을 자극하는 말은 일절 삼갔다. 그는 누구보다도 미국을 증오하였다. 왜냐하면 미국은 바티스타를 내세워 쿠바를 착취할 뿐만 아니라, 이것과 똑같은 방식으로 아메리카 전 대륙을 착취하고 있었기 때문이다.

만약 미국을 크게 자극하여 자칫 쿠바 사태에 개입하게 된다면 그것은 앞으로의 혁명 전투에 엄청난 부담이 될 것이다. 그럴 경우 혁명의 성공은 기대하기 어렵다. 피델은 결코 교활하지 않은 방식으로 언론을 잘 다루고 있었던 것이다. 체 게바라는 피델의 이런 융통성 있는 사고를 조금씩 배워 나갔다.

원칙을 중시하는 대장

1957년 7월 21일, 동생을 잃은 프랑크 파이스에게 보낼 대원 전체 명의로 된 애도의 편지에 모든 대원이 각기 서명을 하고 있었다. 한 대원으로부터 편지를 건네받은 체 게바라는 자신의 칸에 서명을 하고 계급을 기재하려 하였다. 그 순간 뒤에 있던 피델 카스트로가 그에게 말을 건넸다.

"대장이라고 쓰게."

"그것은 제 계급이 아닌데요."

"명령이네."

체 게바라는 별을 달아서 다른 사람들을 호령할 수 있다는 기쁨에 빠지지 않았다. 그가 진실로 기뻐했던 이유는 자신의 노력과 능

력을 인정받았다는 데서 오는 뿌듯한 자긍심을 느낄 수 있었기 때문이었다.

대장이 된 체 게바라는 이제 당당하게 자율적으로 통솔할 수 있는 자기 부대를 거느리게 되었다. 그는 우선 자신이 지휘하는 부대의 기지를 엘옴브리토로 옮기기로 하였다. 노출된 장소라 위험하다는 생각 때문에 썩 내키지는 않았지만 피델은 체 게바라의 결정을 존중하기로 마음먹었다.

엘옴브리토로 기지를 옮긴 체 게바라는 그곳에서 약 수십 킬로미터 떨어진 부에이시토 병영을 공격하기로 결정했다. 공격은 성공하여 약간의 무기와 노새 몇 마리를 전리품으로 얻는 성과를 냈다. 평지에서 거둔 최초의 승리였다. 매복이 편리한 산악 지대와 달리 평지에서의 게릴라전은 상대방에게 노출된 상태이므로 대규모 정규군을 상대하기가 그만큼 어려웠다. 이 승리로 체 게바라의 명성은 높아졌다. 이제 쿠바에서 피델과 더불어 그의 이름을 모르는 사람이 없을 정도였다. 그는 어느새 쿠바의 영웅으로 성장하고 있었다.

대장으로서 체 게바라는 엄격하였다. 어느 경우에나 원칙을 반드시 고수해야 한다는 것이 그의 머릿속에 박혀 있었다. 그러나 한편으로 체 게바라는 다른 사람의 딱한 처지를 보고는 그냥 못 넘기는 성격의 소유자이기도 하였다. 이런 인정 때문에 그는 비싼 대가를 치르기도 하였다. 한번은 체 게바라의 부하였던 시로 레돈도 대위가 레오나르도 바로라는 정부군 한 명을 포로로 잡은 적이 있다. 그는 체 게바라에게 혁명군에 가입할 수 있게 해 달라고 몇 차례나 애원하였다. 결국 체 게바라는 그를 받아들였다. 그러나 그는 뜻하지 않은 실수를 저지르고 그것을 만회하기 위해서 정부군에게 게릴라 부대가 머물고 있는 위치를 가르쳐 주는 배신을 저지른다. 천신만고 끝에 큰 피해는 막을 수 있었지만, 인정에 이끌린 그의 판단이 자칫 큰 불행을 가져올 뻔한 사건이었다.

체 게바라는 자신의 이런 실수에 대해서 크게 반성하였다. 그는 규율을 더 강화하여 경계 근무 중 잠을 자거나 무기를 소홀하게 다루는 대원들에 대해서 엄격하게 처벌을 내렸다. 그리고 스스로에 대해서도 좀 더 엄격해졌다.

체 게바라는 지나칠 정도로 평등의 원칙에 민감하였다. 그는 평등의 원칙은 착취나 억압과 모순되는 것이라고 믿었다. 만약 착취와 억압이 존재한다면 그러한 상태에서 평등이 실현될 리는 만무하며, 반대로 평등이 실현되지 않는 곳에서는 반드시 착취와 억압이 존재하게 마련이라는 것이다. 그는 무기나 실탄의 분배, 그리고 식사 시간에 음식을 배분하는 문제에 대해서도 아주 민감하였다. 특히 계급이 높다는 이유로 특혜를 받는 것에 대해서 결코 용납하지 않았다. 계급이 높다는 것은 지휘 체계의 효율성을 위한 것일 뿐이지 인간의 서열화는 결코 아니라는 것이다. 또한 그는 계급이나 지위의 높낮이에 의해서 수입이 결정되는 것 역시 받아들일 수 없었다.

체가 평등의 원칙에 대해서 지나치게 집착한 사례는 자주 발견된다. 체가 대장으로 진급한 지 얼마 되지 않은 어느 날, 음식을 배식하는 당번이 그의 식판 위에 살며시 몇 개의 고깃덩어리를 더 올려놓아 주었다. 그것을 본 체 게바라는 그 배식 당번에게 큰소리를 쳤다.

"내가 대장이라고 해서 왜 남들보다 더 먹어야 하지?"

체 게바라의 환심을 사려 했던 그 배식 당번은 벌로 그날 저녁 평소보다 더 고달픈 일을 감당해야만 했다.

이뿐만 아니다. 혁명이 성공한 후, 체 게바라는 쿠바 국립 은행의 총재가 된다. 그는 정부의 전반적인 경제나 재정을 담당하는 최고의 책임자가 되었음에도 불구하고 간신히 생활할 정도의 급여만을 받았다. 또한 이후 외무부 장관이나 국립 은행의 총재로 임명되고 난 후에도 그는 결코 육체노동에 대한 의무를 게을리하지 않았다.

체 게바라는 이렇게 자신에 대한 엄격함을 유지하고 있었기 때문에 자신이 내세우는 원칙을 다른 대원들에게도 강요할 수 있었다. 물론 자신에 대해서 너무 철저한 사람들은 독단적일 수 있는 가능성이 많다. 체 게바라라고 해서 그런 실수를 하지 않는 것은 아니었다. 예를 들어 산티스피리투스시에서 체 게바라는 카스트로를 대신해 그곳의 시정을 펼치게 된 적이 있었다. 그때 체 게바라는 술과 복권의 판매를 일시적으로나마 금지하겠다는 포고문을 발표하였다.

그는 항상 윤리적으로 완벽한 인간을 꿈꾸었고 이 세상의 모든 인간을 그런 도덕적 인간으로 개조해야 한다는 생각을 가지고 있었다. 그런데 사실 그가 꿈꾸던 이상형에 들어맞는 인간은 체 게바라 자신밖에는 없었다. 그는 모든 민중이 자기 자신과 똑같은 유형의 인간이 되기를 바랐던 것이다. 이러한 판단이나 바람은 상당히 비현실적인 것이었다. 따라서 체 게바라의 정책이 민중의 극심한 반대에 부딪힌 것은 당연한 일이었다. 체 게바라는 그 포고령을 발표한 바로 그다음 날, 술과 복권의 판매 금지 포고문을 취소한다고 공표해야만 했다.

이것은 체 게바라의 또 다른 장점을 보여주는 사례이기도 하다. 말하자면 체 게바라는 자신의 잘못을 발견했을 때면 곧바로 수정할 수 있는 용기를 가지고 있었다.

사소한 실수를 통해서 체 게바라는 대장으로서의 면모를 더욱 갖추어 나가기 시작했다. 그리하여 피델 카스트로의 평가처럼 체 게바라는 게릴라전을 예술로 승화시킨 장본인이 될 수 있었다.

게릴라전의 진정한 의미와 승리

체 게바라는 게릴라전이 정부군과 반군의 전쟁이 아니라 압제 정부에 대항하는 민중 전체의 항거라는 점을 틈나는 대로 대원들에게 주지시켰다. 군인이 싸움을 해야 할 명분을 잃어버리는 순간 이미 군의 전투력은 급격하게 줄어든 것이나 다름없다. 자의가 아닌 타의에 의해서 군사가 된 터라 명분을 찾으려야 찾을 수 없었던 정부군의 군인들과 달리 게릴라들은 자기 스스로 전투에 나선 사람들이다. 그런 그들도 전쟁이 지속되면서 싸우고 있는 목적과 이유에 대해서 회의하거나 방황하기 쉽다.

미나스델프리오라는 지역에 게릴라 학교를 개설하면서 체 게바라는 게릴라에 대한 정의를 이렇게 내렸다.

"게릴라는 보통 생각하는 것처럼 소규모 전투나 강력한 군대에 대항하는 소수 과격분자들을 의미하는 것이 아닙니다. 게릴라전은 압제자에 대항하는 전체 민중의 투쟁입니다. 게릴라는 민중의 전위대에 불과합니다. 작게는 어느 한 지역, 크게는 어느 나라의 모든 주민이 만든 주력 부대가 바로 게릴라입니다. 게릴라가 반드시 이길 수밖에 없는 이유가 바로 이것입니다. 일반 민중이야말로 게릴라 전쟁의 가장 기본적인 힘입니다."

체 게바라는 '게릴라들은 지금 왜 싸우고 있는가'라는 질문을 끊임없이 제기함으로써 대원들이 스스로 전쟁의 대의명분을 잃지 않도록 독려하였다. 체 게바라에게 게릴라는 사회 개혁자였다. 게릴라들은 힘없는 형제들을 위해서 그들을 착취하는 정권을 타도하고자 싸우는 것이다.

그는 전쟁의 목적이나 대의명분을 잃어버리는 순간 게릴라는 더 이상 게릴라가 아니게 된다고 생각하였다. 농민이나 평민이 게릴라에 가담하기 위해서 올 때, 체 게바라는 그들에게 항상 같은 질문을 던졌다.

"당신은 왜 싸우겠다고 이곳에 온 것입니까?"

그는 게릴라는 누구이며 무엇을 위해 싸우는가의 취지를 담은 연설을 대원들뿐만 아니라 농민들 앞에서도 자주 하였다. 그의 말을 들은 농민들은 감탄하기 일쑤였다. 사실 그 연설은 농민들에게는 게릴라전의 의미를 알리고 대원들에게는 정신력을 강화하려는 목적을 가지고 있었다. 또 한편으로는 자신에게 향하는 것이기도 했다. 쿠바인도 아닌 외국인으로서 이국의 혁명에 몸담고 있는 체 게바라로서는 자신에 대한 끊임없는 독려와 채찍질이 절대적으로 필요했다.

시에라 마에스트라를 장악한 혁명군은 체 게바라가 지휘하는 제8대대와 카밀로 시엔푸에고스가 지휘하는 2대대로 나누어 계속 서쪽으로 진군하였다. 체 게바라가 콧수염에 별을 단 베레모 패션으로 유명하다면 카밀로 시엔푸에고스는 카우보이모자와 함박웃음으로 이미 쿠바 전역에 신화가 된 인물이었다. 혁명전쟁의 과정에서 두 사람은 누구보다도 절친한 사이가 되어 돈독한 우정을 맺고 있었다.

두 사람이 이끄는 부대는 좁은 간격을 유지하면서 똑같이 쿠바의 수도 아바나 방향으로 진격해 들어갔다. 진격 과정에서 두 부대는 간혹 합류하기도 하였다. 그럴 때마다 계획을 세우고 다시 역할 분담을 하여 진로를 결정해 나갔다. 시에라 마에스트라와 달리 평지에서 싸워야 했는데 그것은 게릴라들에게는 상당히 부담스러운 요소로 작용하였다. 하지만 이제 그들은 농민들의 지지를 등에 업고 있었으므로 앞으로의 상황은 결코 비관적인 것이 아니었다.

시에라 마에스트라를 이제 완전히 해방시킨 혁명군은 에스캄브

라이 지역에 들어왔다. 에스캄브라이의 라스비야스에 들어섰을 때의 사정은 시에라 마에스트라에 처음 들어갔을 때의 상황과 전혀 딴판이었다. 이제 쿠바에서의 게릴라들의 활약은 쿠바 전역에 익히 알려져 있었다. 바티스타 정권 역시 위기를 느끼고 만일의 사태에 대비해서 망명할 준비를 하고 있었다.

이전에 다른 마을을 장악했을 때와 마찬가지로 라스비야스에 도착한 혁명군은 새로운 정부를 만들었다. 그들은 농지 개혁법을 통해 모든 농민이 토지를 소유할 수 있는 기틀을 다졌다. 농지 개혁은 농민들에게는 꿈과도 같은 일이었다. 그것만으로도 혁명군에 대한 선전은 엄청난 영향력을 발휘했다. 하지만 농지 개혁은 혁명군의 선전을 목적으로 한 것이 아니었다. 농지 개혁은 혁명군이 궁극적으로 추구하는 목표 중의 하나이기도 하며, 더불어 게릴라들과 농민을 하나로 묶어 주는 끈이기도 하였다. 체 게바라는, 농지 개혁은 혁명가들의 머릿속에서 고안된 것이 아니라 농민들의 의지의 결과물이라고 빈번하게 주장하였다.

어느덧 혁명군은 아바나에 이르게 될 중요한 요충지인 산타클라라에 입성하게 되었다. 바야흐로 전세는 완전히 역전되기에 이르렀다. 혁명군은 더 이상 수세에 몰려 있지 않았다. 비록 정부군의 숫자가 아직 게릴라의 숫자를 압도하고 있기는 하지만 질적인 면에서 게릴라군이 절대적인 우위를 점하고 있었다. 게다가 쿠바 민중의 대다수가 이미 바티스타 정권에게서 등을 돌린 상태였기 때문에 혁명군이 아바나를 정복하게 될 날도 멀지 않았다.

물론 산타클라라를 접수하기까지 모든 것이 다 순조로운 것은 아니었다. 이른바 자살 특공대에 지원한 열렬한 게릴라들의 열정이 없었다면 그 모든 것이 불가능하였을 것이다. 제2대대를 이끌었던 카밀로의 용맹함과 체 게바라의 냉철한 판단 역시 성공의 절대적인 요소 중 하나였다. 전세가 이미 어느 정도 기운 시점부터는 게릴라들이 전혀 피를 흘리지 않고도 정부군의 항복을 받아 내어 승리하는 경우가 많아졌다.

전세는 산타클라라를 해방시킨 혁명군의 승리나 다름이 없었다. 카밀로 시엔푸에고스와 체는 각기 다른 부대를 이끌고 최종 목적지인 쿠바의 수도 아바나에 거의 도달하였다. 두 사람 중 아바나에 먼저 입성한 사람은 카밀로 시엔푸에고스였다. 그는 피델의 명령에 따라 만티나스와 아바나로 신속하게 진격하기 시작했다. 1959년 1월 29일, 카밀로는 아바나를 지나 후퇴한 정부군을 완전히 토벌하기 위해서 서쪽의 콜롬비아로 갔다.

이미 정부군은 무력한 상태에 있었다. 그들을 통치하던 타베르니아 장군 역시 무력한 상태에서 도피를 선택하였다. 단 한 방울의 출혈도 없이 카밀로는 콜롬비아까지 접수할 수 있었다. 체 게바라는 다음 날인 1월 30일에 아바나로 입성하였다. 그는 이미 아바나에 주둔한 카밀로와 승리의 포옹을 나누었다.

1959년 1월 29일, 그란마호가 쿠바에 들어온 지 25개월이 지나서야 혁명의 과업이 완수되었다. 체 게바라마저도 혁명의 대열에 가담하면서 반드시 성공하리라 기대하지 않았으며, 무모한 객기에 가깝다는 의구심을 떨치지 못했었다. 하지만 그들은 혁명전쟁이 진행되는 과정에서 스스로를 단련했다. 그리고 수많은 민중과의 어울림을 통해서 세상을 읽어 내었다. 물론 현재의 승리가 가능했던 것은 전적으로 전쟁 중에 피를 흘리며 쓰러져 간 혁명 대원들의 희생 덕분이었다.

5장

체 게바라, 영원한 혁명가로 남다

더 이상 의사가 아니다

혁명군이 쿠바 전체를 장악하고 바티스타가 해외로 망명하였다고 해서 쿠바 혁명이 끝난 것은 아니었다. 어떤 의미로 보면 혁명의 시작은 지금부터라고 할 수 있었다. 당시 아바나의 중심지에는 낡은 외제 차를 몰고 미국 영화를 보는 사람들이 늘어나는 반면 실업자의 수는 하늘로 치솟고 있었다. 빈부 차이가 극심한 상태에 다다르고 있었다. 혁명군이 바티스타 정권을 몰아낸 후 이 모든 사회 문제를 완전히 해결하지 못한다면 그것은 미완의 혁명으로 남게 될 것이었다. 또 미국을 등에 업고 호시탐탐 재기의 기회를 노리는 바티스타의 손에 다시 쿠바를 내주게 될지도 모를 일이었다.

혁명군은 민중을 위해서 민중의 편에서 쿠바의 모든 사회 개혁을 단행해야 하는 막중한 임무를 띠고 있었다. 그렇기 때문에 쿠바가 압제자의 손에서 해방되었다고 해서 체 게바라의 임무가 완전히 끝난 것은 아니었다.

6년 동안 아들을 전혀 보지 못한 체 게바라의 어머니 셀리아를 비롯한 가족이 아바나로 날아왔다. 그들은 낯선 이국의 해방 전쟁에

뛰어들어 당당하게 성공한 체 게바라를 한시라도 빨리 보고 싶었다.

아바나의 한 호텔에서 게바라 부부는 아들과 극적인 상봉을 했다. 그러나 게바라 부부는 자기 아들이 6년 전 집을 떠날 때의 모습과 너무나 많이 달라진 것을 보고 놀랐다. 이제 아들은 더 이상 호리호리한 의사 에르네스토 게바라가 아니었다. 그들 앞에는 늠름하고 당당한 체구의 혁명가 체 게바라가 서 있었다.

"에르네스토, 너 많이 변했구나. 수염도 기르고."

어머니 셀리아가 체 게바라의 뺨을 어루만지며 말했다.

"네, 어머니. 게릴라 시절 어쩔 수 없이 이렇게 되었답니다. 그래서 사람들은 게릴라들을 '산적'이라고도 부르지요."

"하지만 건강해 보여서 무척이나 좋구나."

그때 아버지 게바라 린치도 거들었다.

"난 네가 좋은 옷을 입고 있을 줄 알았는데, 허름한 군복을 입고 있구나."

"네, 아버지. 당연하죠. 저는 여전히 혁명 전사일 뿐이니까요."

아버지가 조심스럽게 질문을 했다.

"그런데 에르네스토야. 너 언제 여기서 의료 사업과 관계된 일을 할 거니?"

별이 달린 베레모를 슬쩍 한번 만지면서 체 게바라는 단호하게 대답하였다.

"저는 이제 더 이상 의사가 아닙니다. 의사의 일이 무의미한 것은 아니지만, 나의 안위만을 생각하며 사람들이 병들고 죽어 가는 것을 조금 더 지연하는 일에 제 인생을 바칠 수는 없습니다."

"그래도 너의 그 전문적인 지식과 능력이 너무 아깝지 않니?"

"저는 의사로서의 자질보다 전사로서의 자질이 더 뛰어나다는 것을 깨달았습니다. 제게 편안한 의사는 어울리지 않습니다. 의사로서의 삶은 이미 그란마호를 탄 순간 카리브 해의 바닷가에 던져 버렸습니다. 지금 저는 오직 강력한 민중 정부를 만들기 위해서 노력하는 전사일 뿐입니다. 앞으로의 삶에 대해서는 구체적으로 모릅니다."

체 게바라의 식구들은 내심 기대한 것과는 달리 아들의 삶에 찬란한 영광과 권세만 기다릴 것 같지는 않다는 불안감을 느꼈다. 하지만 그들은 동시에 세상에 대한 애정과 불의에 대한 비타협적인 불굴의 정신을 아들에게서 재차 확인하고 자랑스러움을 느끼고 있었다.

외교관에서 국립은행 총재까지

이제 쿠바의 실질적인 지도자가 된 피델 카스트로는 쿠바의 나아갈 길이 미국과 같은 자본주의나 소련식의 공산주의가 아니라는 점을 분명하게 의식하고 있었다. 그는 자본주의는 사회의 밑바닥에 존재하는 민중을 착취하는 반면에, 공산주의는 기본적인 의식주 문제는 해결하지만 자유를 억압하기 때문에 어떤 것도 그저 일괄적으로 받아들일 수는 없다는 입장을 가지고 있었다. 카스트로가 생각한 쿠바의 혁명은 소련식 공산주의나 중국식 공산주의가 아닌 오로지 쿠바만의 독특한 주체적 혁명일 뿐이었다.

피델과 혁명 세력들은 아바나를 접수한 후 임시 정부를 세우고 우루티아 박사를 대통령으로 임명하였다. 우루티아 박사는 바티스타 정권 아래에서 반정부 운동을 펼치던 인사였다. 하지만 그는 임시 정부의 혁명적 노선과 일치하지 않는 인물이었다. 왜냐하면 그의 정치적 기반은 지주들과 대자본가들에 근거하고 있었기 때문이다. 카스트로는 대중적인 인기의 면에서 결코 우루티아에게 떨어지지 않으면서도 확고한 사회주의적 신념을 가진 인물이 필요했다. 오스발도 도르티코스 토라토가 가장 적합한 인물이라고 생각했다. 그가 결정을 내린 지 얼마 되지 않아 우루티아가 물러나고 토라토가 새 대통령이 되었다.

그러나 당시 쿠바의 대다수 국민은 피델이 권좌에 오르기를 바랐다. 노동자들은 피델이 국가의 최고 책임자가 될 것을 요구하는 총파업을 단행하였으며, 아바나의 시민들은 거리로 뛰쳐나와 궐기 대회를 벌이기도 하였다. 비록 직접 대통령직을 맡지는 않았지만 그는 총리직을 수락했다. 이렇게 해서 토라토 대통령과 피델 총리라는 2인 체제가 탄생하게 되었다. 물론 모든 권한의 실세는 피델 카스트로의 것이었다.

피델 카스트로가 보기에 혁명 정부가 해야 할 일은 산적해 있었다. 대내적으로는 민중을 기반으로 한 혁명적인 경제 개혁이 단행되어야 했다. 하지만 무엇보다도 중요한 것은 대외적인 문제였다. 미국 정부의 눈에 쿠바의 혁명 정부는 자신들의 이해관계를 대변하던 바티스타 정권을 타도한 위험한 세력이었다. 혁명 정부에 의

한 쿠바가 하나의 당당한 독립 국가로 인정받기 위해서는 전 세계에 자신들의 존재를 알려야 했다. 그리고 자신의 편이 되어 줄 수 있는 나라들의 물질적 정치적 원조를 받는 일 또한 시급하였다.

피델 카스트로는 이런 중대한 일을 할 인물로 체 게바라를 꼽았다. 당시 체 게바라는 게릴라 전쟁의 과정에서 알게 된 알레이다라는 여인과 결혼한 상태였다. 일다에게 이미 이혼을 요청해서 승낙을 받은 상태였기 때문에 법적으로 아무런 문제가 없었다. 알레이다는 결혼 전에 이미 임신을 한 상태였는데, 결혼식을 올리고 얼마 안 되어 체와 알레이다 사이에는 알레이디타라는 딸이 생겼다. 그리고 얼마 후 체 게바라는 쿠바의 외교 대사로 임명을 받고 여러 나라의 순방 길에 오르게 된다.

외교관이 된 체 게바라의 첫 순방 국가는 이집트였다. 당시 외교적으로 친소련 정책을 고수한 나세르 정권이 이집트를 통치하고 있었다. 쿠바의 외교사절단 대표가 되어 처음으로 외국의 수반을 만나는 순간에도 체 게바라는 여전히 게릴라 시절에 입었던 올리브그린색 군복 차림이었다. 심지어 그는 정장을 입도록 넌지시 권고한 피델 카스트로의 요청마저도 거부하였다. 쿠바인으로서 살아가는 동안 체 게바라는 공식적인 자리에서 결코 군복을 벗지 않았다.

다른 나라를 방문하여 외교적인 정책을 펼치는 것은 당시 너무나도 중요한 일이었다. 게다가 사탕수수 재배가 가장 큰 산업이었던 쿠바로서는 그것을 수입해 줄 수 있는 나라를 반드시 찾아야 했다. 기존의 큰 고객이었던 미국은 이미 등을 돌리고 있거나 혹은 계속 거래한다고 해도 그것을 언제 정치적으로 이용할지 모를 노릇이었다. 따라서 경제적 원조자나 정치적 입지를 위해서 쿠바를 도울 수 있는 나라들을 방문하여 외교적 실리를 얻는 것은 너무나도 중요한 일이었다.

이집트를 방문한 체 게바라 일행은 수단을 거쳐 인도로 갔다. 그는 그곳에서 인도의 뚜렷한 발전상을 볼 수 있었다. 또한 제2차 세계 대전의 패전국이었던 일본을 방문하여 그들이 어떻게 폐허의 상태에서 다시 경제를 부흥시킬 수 있었는지 그 원천이 무엇인지를 찾으려고 노력하였다. 그리고 인도네시아를 거쳐 다시 유고의 베오그라드로 갔다. 빈약한 기반에서 출발하였지만 여섯 개의 공화국으로 이루어진 유고는 티토 대통령의 독자 노선으로 눈부신 발전을 이루고 있었다. '티토이즘'이라고도 불리는 티토의 노선은 1948년, 소련의 스탈린과 단절하고 독자적인 자주 관리 노선을 통해서 새로운 사회주의 모델을 건설한 것으로도 유명하다.

유고의 티토 정부는 여러모로 보아 쿠바가 취해야 할 앞으로의 방향에 도움을 줄 수 있을 것이라고 체 게바라는 판단하였다. 소련에 종속되지 않은 독자적인 사회주의 건설의 가능성을 최초로 보여 준 국가였기 때문이다. 거기다가 체 게바라는 유고가 쿠바에 군사적으로나 경제적으로 원조해 줄 것까지 은근히 기대하고 있었다. 하지만 미국이 쿠바의 반혁명 세력을 여전히 지원하는 상황에서 무기 지원이 절실히 필요하다는 체 게바라의 요청을 티토는 끝내 거절하였다. 아직 해외에 원조할 만한 여유가 없다는 것이 티토의 이유였다.

이제 마지막 행선지인 파키스탄을 거쳐서 3개월간의 해외 순방을 마치고 체 게바라는 다시 쿠바로 돌아왔다. 처음으로 아메리카 대륙을 떠난 데다 막중한 임무를 지닌 여행이었지만, 체 게바라는 혼신의 힘을 다해 외교 활동을 벌인 것에 대해 스스로 만족할 수 있었다. 특히 쿠바와 같은 제3세계 국가들을 돌아봄으로써 쿠바가 어떻게 하면 독자적인 사회주의 국가를 건설할 수 있을지에 대한 전망을 획득하였다. 이제 몇 달간의 고단한 여행을 끝내고 마침내 아바나의 집으로 돌아왔다. 하지만 체 게바라를 기다리고 있는 것은 휴식과 안락이 아닌 또 다른 막중한 임무였다.

1959년 10월 7일, 피델 카스트로는 체 게바라를 INRA(국가토지개혁위원회)의 위원장으로 임명하였다. 게릴라전 때부터 토지개혁을 실시하여 농민들의 대폭적인 지지를 얻었던 체 게바라만큼 이 자리에 적합한 인물은 없었기 때문이다. 체 게바라는 INRA의 위원장을 맡으면서 파격적인 토지개혁의 필요성을 역설하고 그 혁명적 조치를 빠른 시일 내에 단행하겠다고 공언하였다. 하지만 국가

경제의 전반 사항에 대한 결정권이 있는 국립은행 총재 펠리페 파조스가 이의를 제기하며 점진적인 개혁을 주장하였다. 체 게바라는 자신의 뜻을 굽히지 않았다.

체 게바라는 지금 당장 토지개혁을 하지 않으면 앞으로 영원히 토지개혁을 할 수 없을지도 모른다고 판단하였다. 그래서 그는 토지개혁의 당위성을 피델에게 피력하였다. 체 게바라와 같은 생각을 하고 있었으며 항상 그를 가장 믿을 수 있는 동지라고 생각했던 피델 카스트로는 펠리페를 경질시키고 그 자리에 체 게바라를 임명하려 하였다. 11월 26일, 체 게바라는 쿠바 국립은행 총재에 공식 임명되었다. 그는 국립은행의 총재가 된 이후에도 올리브그린색 군복과 베레모를 쓰는 것을 포기하지 않았다. 국가의 최고 요직을 맡고 있다 하더라도 스스로 언제나 민중을 위한 혁명 전사라는 사실을 잊지 않기 위해서, 그리고 그러한 사실을 다른 사람들에게도 각성시키기 위해서였다.

주변의 많은 경제 전문가는, 그들의 눈에는 그저 한 명의 뛰어난 게릴라일 뿐인 체 게바라가 모든 경제 정책의 기본을 입안하고 실행하는 국립은행의 총재가 된 것에 대해서 못마땅하게 생각하였다. 체 게바라는 그런 비난을 한마디로 일축하였다. 경제에 눈이 밝은 사업가들은 자신의 이해관계 때문에 사심 없는 정책을 펼칠 수 없다고 하면서. 카스트로가 체 게바라를 그 자리에 선임한 이유도 마찬가지였을 것이다. 경제 정책이야말로 사적인 이해관계에 얽매이지 않는 순수한 혁명의 원칙에 의해서 움직여져야 하는 국가 운명을 좌우하는 중대한 일이라는 사실을 그는 너무나도 잘 알고 있었기 때문이다.

국립은행 총재가 된 이후에도 체 게바라는 결코 호화로운 차를 타지 않았다. 비록 나쁜 차는 아니었지만 다른 관료들의 차와는 비교가 안 될 정도로 소박한 포드사의 팔콘을 타고 다녔다. 또한 그는 부인 알레이다와 아주 아담한 집에서 검소하고 조촐하게 살았다. 그가 쿠바의 경제 책임자라고 해서 특권을 가져야 할 이유가 전혀 없다고 생각했기 때문이다. 게다가 그는 매일 육체노동을 하는 것도 거르지 않았다. 그는 매일 사탕수수밭에 가서 일하였다.

모든 경제 정책이 쿠바 민중을 위한 것이 되어야 하며, 어떤 사리사욕도 허용하지 않는, 모든 민중에게 절대적으로 평등해야 한다는 것은 체 게바라의 일관된 경제 철학이자 기본 원칙이었다. 그러나 국가의 경제를 좌우할 만한 중대한 임무를 부여받은 체 게바라는 경제학 분야의 원론적 지식과 전문 지식을 갖추어야 한다는 강박관념도 가지고 있었다. 그는 자신을 보좌하고 있던 비야세카로부터 수학과 경제학 강의를 일주일에 두 차례씩 빠짐없이 들었다.

체 게바라가 쿠바 민중으로부터 그렇게 많은 사랑과 신뢰를 받을 수 있었던 것은 바로 그들에 대한 순수한 애정과 그것을 행동으로 실천하려는 노력 때문이었다. 그런 노력 덕분인지 게바라는 쿠바의 지폐에 자신의 사진이 들어가는 영광을 안게 되었다. 물론 피델 카스트로는 더 말할 것도 없고, 혁명의 또 다른 주역인 카밀로 역시 지폐를 통해 쿠바인들의 가슴에 영원히 새겨졌다. 그러나 게릴라전 때 체 게바라와 형제애를 나누었던 카밀로는 반혁명 세력의 음모에 의해 이미 세상을 떠나고 없는 상태였다.

미국과 소련을 등지다

국립 은행의 총재가 된 이후, 체 게바라의 정책은 크게 두 가지 원칙에 기반을 두고 있었다. 대내적으로는 모든 민중이 풍요로우면서도 평등하게 살 수 있는 삶의 기반을 다지는 것이고, 대외적으로는 외세에 종속되지 않은 자주적 경제의 기틀을 마련하는 것이다.

바티스타 정권이 망하기 전까지 쿠바의 경제는 전적으로 미국에 예속되어 있었다. 실질적인 경제 지표를 보더라도 그 점은 분명하였다. 체 게바라가 조사한 바에 따르면, 이전 15년 동안 미국은 총 7억 달러를 쿠바에 투자하였는데 그중 5억 5,000만 달러가 영업상의 이익을 통하여 이미 미국 본토로 회수되었다.

그러나 이런 불균형에도 불구하고 미국과 교류를 완전히 단절하는 것은 상당히 위험한 일이었다. 우선 경제적인 면에서 보더라도 쿠바인들의 주요 생산물인 사탕수수의 대미 수출이 완전히 중단될 경우 그것이 미칠 악영향은 상상할 수도 없는 것이었다. 또한 교역의 단절은 곧 미국에 대한 도전을 의미하며, 가뜩이나 쿠바 혁명이 다른 아메리카 국가들로 확대되지 않을까 노심초사하는 미국의 군사 도발을 초래할 수 있기 때문이었다.

결국 쿠바로서는 미국과의 교류가 완전히 단절되었을 경우 발생할지도 모를 위험에 대비할 안전장치가 시급하였다. 그것은 쿠바 자체의 힘으로는 도저히 불가능한 것이었다. 쿠바가 선택할 수 있는 유일한 대안은 비록 내키지 않는 선택이긴 하였지만 소련과 손을 잡는 것이었다. 1960년 2월 4일, 소련의 제2인자인 아나스타스 미코얀이 쿠바를 방문하였다. 그를 접견한 체 게바라는 향후 5년간 소련과의 교역을 보장받는다. 그리고 이후 미국의 군사적 도발을 견제하기 위해서 소련의 군사적 힘을 빌리기도 한다.

소련과의 협정은 미국 측으로 보자면 곧 자신들과의 단절을 의미하는 것이었다. 실제로 미국은 1962년 1월, 우루과이에서 열린 미주기구회의에서 쿠바의 회원국 자격을 박탈시킨다. 나아가 쿠바와의 완전한 교역 단절을 선언했을 뿐만 아니라, 쿠바가 소련 진영으로 넘어간 것으로 간주하고 그에 대한 응징을 호소하였다.

이렇듯 당시 세계는 미국과 소련이 팽팽하게 대립하고 있는 냉전 구도로 분할되어 있었기 때문에 쿠바로서는 두 진영 사이에서 어쩔 수 없는 선택을 해야만 했다. 그러나 체 게바라가 꿈꾸는 쿠바는 소련과 같은 억압적인 공산주의 국가가 아니었다. 이 점은 피델 카스트로의 생각과도 일치하는데, 그가 원하는 쿠바는 쿠바식 사회주의가 실현된 쿠바였다.

유럽의 많은 진보적인 지식인이 쿠바 혁명에 관심을 가졌던 이유도 바로 이 때문이다. 그들은 과연 쿠바 혁명이 공산주의를 지향하는 고전적인 사회주의 혁명인지, 아니면 다만 압제에 항거하는 민주화 운동인지에 대한 궁금증을 풀 길이 없었다. 당시 프랑스 철학계뿐만 아니라 진보 운동의 정신적 기수였던 장 폴 사르트르와 시몬느 드 보부아르 부부가 이런 궁금증을 해결하기 위해 파리에서 아바나로 날아왔다.

장 폴 사르트르는 프랑스뿐만 아니라 전 세계에서도 이미 유명한 20세기 최고의 철학자 중 한 사람이었다. 체 게바라는 사르트르 부부를 접견하고 그들을 쿠바 구석구석까지 안내했다.

차를 타고 아바나의 시가지를 지나던 중 사르트르가 말했다.

"이제야 의문이 풀리는군."

"무슨 의문인가요?"

"쿠바 혁명의 정체성 말이오."

"어떤 것을 발견하셨나요?"

"쿠바 혁명은 어떤 관념적 이념을 위해 일어난 것이 아니라, 쿠바 민중의 갈망에서 나온 자생적인 결과라는 사실입니다."

체 게바라는 그저 빙긋 웃으면서 사르트르의 대답을 듣고 있었다. 쿠바에서 체 게바라를 만나고 돌아간 이 위대한 철학자는 이후 체 게바라를 '우리 시대의 가장 완전한 인간'이라고 격찬하기도 하였다.

어쨌든 사실은 분명했다. 쿠바와 같은 제3세계 국가에서 발생하는 혁명의 목표는 그야말로 자립적인 국가가 되는 것이지 소련식 공산주의 모델을 획일적으로 적용하려는 것이 결코 아니다. 마찬가지로 아메리카, 아시아, 아프리카 등에 걸쳐 있는 제3세계 국가에서 혁명 전사가 된다는 것은 오로지 민중 해방을 위한 투사가 되는 것을 의미하는 것이지 반드시 공산당원이 되는 것을 의미하지는 않았다.

체 게바라는 경제 회담을 위해서 몇 차례 소련을 방문하기도 하고 또 주요 인사들을 접견하기도 했기 때문에 그들과 잘 알고 지냈다. 하지만 그 과정에서 그는 소련이라는 나라가 갖는 경직성과 사회주의 사상과 맞지 않은 불순함에 대해서 점점 더 분명하게 깨닫기 시작했다. 그가 보기에 소련은 순수한 사회주의 혹은 공산주의 국가가 더 이상 아니었다. 아메리카 청년회의 폐막 연설에서 아메리카의 혁명은 공산주의 혁명이 아닌 마르크스주의 혁명이 되어야 한다고 역설하였다. 그 말의 뜻은 결국 소련의 공산주의는 더 이상 순수한 마르크스주의가 아니라는 것이었다. 이후 모든 아메리카 혁명 노선은 체 게바라의 주장대로 소련식 공산주의가 아닌 마르크스주의가 되었다.

당시 소련은 미국과의 냉전 대립에서 자신의 패권을 유지하기 위해서 많은 사회주의 국가를 자신의 속국으로 만들고자 하였다. 또한 미국이나 유럽의 자본주의 열강들이 그러하듯이 소련 역시 자국의 이해관계를 위해서 불평등한 교환을 통해 착취를 하고 있었다. 체 게바라가 보기에 라틴 아메리카의 해방은 소련의 보호 속에 들어가는 것을 의미하지 않았다. 당시 공산주의 혹은 공산당은 소련의 전유물과 같은 것이었다. 따라서 라틴 아메리카의 해방 운동은 공산주의 혁명이 아닌, 라틴 아메리카 전체의 민중 해방 운동이 되어야 한다는 믿음이 체 게바라의 머릿속에서 확고하게 형성되고 있었다. 말하자면 소련의 속국이 되지 않으면서도 미국의 지배에서 벗어날 수 있으려면 제3세계 국가의 블록이 형성되어야 한다는 것이다.

체 게바라의 이런 신념은 1964년 12월 11일, 뉴욕의 유엔 회의에서 쿠바 대표 자격으로 행한 한 연설에서 표출되었다. 연설의 대부분은 라틴 아메리카에 대한 미국의 침략 행위를 공격하는 것이었다. 하지만 그 가운데는 소련의 불순함을 꼬집거나 소련식 공산주의와는 다른 사회주의의 건설이 라틴 아메리카 해방 운동의 목표라는 점을 부각함으로써 은근히 소련의 비위를 거스르게 하였다.

다음 해인 1965년 2월 24일에 체 게바라는 알제리의 한 세미나에서 더욱 강력한 어조로 소련을 비난하였다. 비난의 요지는 소련이 전 세계 노동계급 운동과는 전혀 다른 방향으로 나아가고 있다는 것이었다. 그는 심지어 국가 간의 불평등한 교환이 이루어지는 자본주의적 교역 관계를 소련이 묵과할 뿐만 아니라, 자신들보다 못한 국가들과의 불평등한 교환에서 이익을 얻고 있다는 비난까지 서슴지 않았다. 완곡하게 표현된 연설을 더욱 노골적으로 옮기자면 소련 역시 제국주의 국가라는 말과도 같았다.

이 연설이 있고 난 후, 카이로와 중국을 방문하고 3월 15일이 되어서야 체 게바라는 아바나로 돌아왔다. 1964년 12월, 뉴욕으로 출발하기 위해 쿠바를 떠난 지 3개월이 더 지나서야 돌아온 것이다. 쿠바로 귀국한 체 게바라는 곧장 피델 카스트로와 면담을 하였다.

피델 카스트로가 먼저 어렵게 말을 꺼냈다.

"게바라 동지가 뉴욕과 알제리에서 한 연설은 소련의 크렘린을 통해서 우리에게도 모두 전달되었소."

"네, 저도 알고 있습니다. 각하."

피델은 흥분을 감추며 말했다.

"그렇다면 자신의 행동이 정치적으로 어떤 결과를 초래할지에 대해서도 잘 알고 있었을 텐데요."

"네."

"게바라 동지의 말이 틀리다는 것은 아니지만 쿠바의 미래에 해가 될 수도 있다는 점에서 경솔한 행동이 아니었을까요?"

피델 카스트로의 힐책에 대해 체 게바라 역시 물러서지만은 않았다.

장시간에 걸친 대화를 통해서 두 사람의 견해 차이가 분명하게 드러났다. 쿠바 국가의 실질적인 원수로서 피델 카스트로는 쿠바의 이해관계를 최우선으로 생각해야 했던 반면, 그런 부담이 없는 체 게바라에게는 제3세계 사회주의 혁명이 최우선 과제였던 것이다. 흉금 없는 대화 속에서 격앙된 어조의 말들이 오고 가기도 하였지만, 두 사람은 어쩔 수 없는 서로의 견해 차이에 대해서 결국은 공감하게 되었다. 그리고 그러한 차이에도 불구하고 결국 두 사람의 목표와 철학이 여전히 같다는 것도 확인하였다.

체 게바라는 피델 카스트로에게 "각하가 쿠바인이기 때문에 할 수 없는 일을 하기 위해서 떠난다."라는 말을 남기고 잠적하였다. 결국 두 사람은 각자의 길로 나누어졌지만 서로에 대한 신뢰만큼은 예전 못지않게 공고하였다. 체 게바라가 모든 공직에서 사퇴하고 더 이상 쿠바인이 아니게 되었을 때도 두 사람의 우정만큼은 변치 않았다.

다시 혁명 전사가 되다

체 게바라가 쿠바 혁명정부로부터 나온 것은 혁명의 포기가 아니라 또 다른 혁명 활동의 시작을 의미하는 것이었다. 그는 외교 활동을 위해 여러 제3세계 국가를 순방하는 과정에서 자신이 있어야 할 곳이 어딘지를 명확하게 깨달았다. 더군다나 소련에 대한 실망은 그에게 이런 선택을 더욱 확고하게 만드는 계기가 되었다. 그의 결단을 예상보다 빨리 앞당긴 것은 피델 카스트로의 정치적 부담을 덜어 주기 위한 체 게바라의 배려였다. 만약 체 게바라가 계속 정부의 요직에 남아 있다면 소련을 의식하지 않을 수 없는 카스트로로서는 상당한 부담감을 느낄 수밖에 없었을 것이다.

돌연 체 게바라가 모습을 감춘 후에 그의 신변에 대한 관심과 의

문은 점점 증폭되어 갔다. 체 게바라가 멕시코로 망명을 갔다거나, 피델 카스트로의 지시로 살해되었다거나, 혹은 감옥에 갇혀 있다거나, 베트남 전쟁에 참여하고 있다거나, 심지어는 아르헨티나로 가서 게릴라전을 계획하고 있다는 등의 갖가지 소문이 무성하였다. 그러나 소문과 달리 체 게바라는 쿠바에 조용히 머물면서 콩고에서의 게릴라전을 준비하고 있었다. 물론 피델 카스트로와는 지속적인 연락을 하면서.

체 게바라는 새로운 게릴라전을 위해서 콩고를 선택했다. 당시 콩고는 제3세계의 지도자 파리스 루뭄바가 독재 권력자인 모이스 촘베에 의해서 살해된 직후였다. 1965년 1월부터 체 게바라는 혁명 대원들을 하나씩 불러 모으기 시작했다. 2월부터는 집결한 대원들에 대한 군사훈련이 본격적으로 시작되었다. 대원들은 모두 136명으로 불어났다. 그들은 이제 아프리카에서의 게릴라전을 위하여 콩고로 향했다.

콩고에 온 그들은 우선 게릴라들을 양성하는 과업을 수행하였다. 거의 1년 동안 2,000명 이상의 콩고인이 그곳에서 훈련을 받았다. 훈련 기간 중 체 게바라는 원주민들과의 친밀한 교류도 잊지 않았다. 사실 원주민들로부터 호감을 얻어 내는 것이야말로 게릴라들이 배워야 할 가장 중요한 원칙이기도 하였다. 체 게바라는 그들에게 혁명의 당위성과 전술을 가르치면서 동시에 그 자신도 원주민 언어인 스와힐리어를 배웠다. 콩고는 프랑스의 식민지였으므로 이미 프랑스어가 널리 통용되고 있었는데, 프랑스어에 능통했던 체 게바라는 의사소통에 전혀 지장이 없는 상태였다. 그런데도 그는 스와힐리어까지 배우려고 노력한 것이다.

또한 체 게바라는 원주민들에게 자신이 가진 기술인 의술을 베푸는 것도 잊지 않았다. 체 게바라가 머물던 곳의 원주민들은 체 게바라를 의사라는 뜻의 '무간다'로 불렀다. 그런데 콩고에서 머무르던 중 한 잡지를 통해 어머니 셀리아가 죽었다는 소식을 접했다. 그에게는 무엇보다도 슬픈 일이었다. 그러나 급박한 상황에서 언제까지나 개인적인 사정 때문에 넋을 놓고 있을 수는 없었다. 마음을 추스른 그는 다시 게릴라의 모습으로 돌아갔다.

콩고에서의 게릴라전은 그렇게 뜻한 바대로 성공적인 것은 아니었다. 게다가 콩고에 게릴라 세력이 침투한 것을 알게 된 촘베는 탄압의 정도를 더욱 높였다. 결국 콩고의 반정부 세력들은 쿠바인들에게 돌아가 줄 것을 요청하였다. 체 게바라와 그 일행은 성공의 결실을 맺지 못한 채 어쩔 수 없이 콩고 땅을 떠나야만 했다.

체가 살아 있다는 소식이 남아메리카 대륙 전체에 퍼졌다. 그러나 체의 공식적 활동은 전혀 알려지지 않았다. 그의 모습이 드러나지 않는 것 그 자체만으로도 대다수의 라틴 아메리카 정부에게는 위협이었다. 그들은 자신의 나라가 체 게바라가 선택한 게릴라전의 대상이 아니기를 바라고 있었다. 이런 가운데 체 게바라가 선택한 나라는 볼리비아였다.

쿠바에서는 1966년 7월부터 볼리비아로의 출정 준비가 이미 진행되고 있었다. 대원 중에는 과거 쿠바의 시에라 마에스트라와 콩고에서 체 게바라와 같이 투쟁하였던 5명의 동지뿐만 아니라 볼리비아 출신 특공대원도 60명이 포함되어 있었다. 게다가 철학자로도 명성이 높은 프랑스인 레지 드브레도 합세한 상태였다.

이미 남아메리카 전역에 비상이 걸린 상태라 체 게바라는 볼리비아로 바로 들어갈 수 없었다. 우선 모스크바와 프라하를 경유하여 파리로 간 다음에 그곳에서 다시 브라질의 상파울루로 갔다. 상파울루에서 다시 비행기를 타고 볼리비아의 라파스 공항에 도착했다. 당시 체 게바라는 검은 안경을 쓴 대머리로 변장을 하고 있었으므로 쉽게 감시망을 피할 수 있었다.

여러 국가를 경유해서 가까스로 볼리비아에 들어간 대원들은 볼리비아의 냥카우아수 지방에 집결한다. 그곳에서 그들은 볼리비아의 혁명을 시작할 교두보를 마련한다.

혁명 전사로서 삶을 마감한 체 게바라

장장 15개월 동안 진행된 쿠바의 게릴라전에서 풍부한 경험을 가지고 있었지만, 볼리비아에서의 게릴라전은 처음부터 상황이 그다지 낙관적이지 않았다. 체 게바라는 쿠바에서보다 훨씬 더 많은 어려움을 겪어야 했다. 우선 볼리비아의 대통령 바리엔토스는 바티스타보다 훨씬 더 상대하기 어려운 인물이었다. 게다가 쿠바에서의 경험이 있는 미국으로서는 볼리비아마저 게릴라들의 손에 넘어가는 것을 방치할 수가 없었다. 볼리비아 정부의 게릴라 소탕 작전에 대한 미국의 직접 혹은 간접적 지원은 이전과 비교할 수도 없었다.

더욱 나쁜 사실은 혁명 세력 내부에도 적이 존재한다는 점이었다. 당시 볼리비아 공산당 총비서를 맡고 있던 마리오 몬헤가 합세하였는데, 그는 애초에 게릴라전을 방해할 목적으로 가세한 것이었다. 볼리비아 공산당을 이끌던 몬헤는 당시 소련 공산당의 지령을 받고 있었음이 틀림없었다. 남아메리카의 정치에 더 이상 간섭하지 않겠다고 미국과 약속을 맺은 소련의 지도자들은 체 게바라가 쓸데없는 분쟁을 불러일으키기를 바라지 않았던 것이다.

게다가 지형적으로도 문제가 있었다. 쿠바의 산악 지대가 게릴라들이 언제나 몸을 숨길 수 있는 울창한 숲이었다면, 이곳의 산악 지대는 게릴라들이 피신할 수 있는 지형지물이 부족했다. 평지에서는 게릴라전의 승리가 거의 불가능하다는 말은 언제든 몸을 숨길 곳이 있는 지형지물이 게릴라전에 얼마나 절대적인 요소가 되는지를 뜻한다.

또한 게릴라들은 쿠바에서처럼 농민들의 절대적인 지지를 받지 못했다. 농민들은 정부의 조직적인 선동에 쉽게 넘어갔다. 게릴라전에서 농민들의 지지가 얼마나 중요한 것인지는 새삼 말할 필요도 없을 것이다. 체 게바라는 그것이 게릴라전 승리의 관건이라고 주장해 왔다. 하지만 볼리비아에서는 뜻대로 되지 않았다.

결국, 체 게바라가 이끄는 혁명군은 볼리비아의 카미리에서 정부군에게 완전히 포위된다. 그 와중에도 게바라는 자신의 활동을 담은 일기를 쓴다. 그 일기는 그가 처형당하기 사흘 전인 1967년 10월

7일까지 계속되었다.

몇 안 되는 생존자들과 목격자들의 기록에 따르면 체 게바라의 마지막 순간은 이러했다. 볼리비아 정부군에게 완전히 포위된 체 게바라 일행은 겨우 16명밖에 남지 않은 상태였다. 하지만 그들에게 항복은 전혀 고려의 대상이 아니었다. 10월 9일 아침, 대원들이 물을 마시는 장면을 목격한 한 농부의 밀고로 정부군이 도착했다. 정부군은 기병대를 포함해서 총 327명이었다.

체 게바라는 가급적 해가 질 때까지 시간을 끌어 보려고 노력하였다. 하지만 교전은 오전 11시 30분에 시작되었다. 그나마 살아남은 대원들 가운데서도 환자가 많은 터라 체 게바라는 후퇴를 결심했다. 그러나 후퇴마저도 불가능한 상황이었다. 흩어져서 몇 명이라도 목숨을 유지하는 수밖에 없었다. 일부는 체 게바라의 엄호를 받으며 달아났지만 이내 잡히고 말았다. 또 일부는 간신히 볼리비아 국경을 넘어 칠레로 도망치는 데 성공하였다. 체 게바라는 일부 대원들과 그곳에 남았다. 그는 끝까지 포기하지 않고 정부군과 싸웠다. 부상당한 대원 엘 치노를 부축하면서 말이다.

체 게바라의 부축을 받고 간신히 이동하던 엘 치노는 그의 두꺼운 안경을 떨어뜨렸다. 안경이 없으면 그는 거의 맹인이나 마찬가지였다. 체 게바라는 그의 안경을 줍기 위해 몸을 굽혔다. 그 순간 그의 몸은 정부군의 조준에 들어왔다. 정부군이 발사한 총알 중 하나가 체 게바라의 오른쪽 다리에 명중했다. 더 이상 걸을 수 없을 정도의 부상을 당했음에도 불구하고 체 게바라는 엘 치노를 부축하며 고지로 향했다. 그러나 출혈이 너무 심했기 때문에 그는 빠르게 이동할 수 없었다. 총알마저도 이미 동이 난 그는 결국 볼리비아 정부군에게 잡히고 만다. 이미 전 세계의 신화적 인물이 되어 있던 이 시대 최후의 게릴라 체 게바라는 그가 할 수 있는 한 끝까지 전투를 포기하지 않았다.

포로로 잡힌 체 게바라는 근처의 작은 학교로 끌려간다. 그곳에서 체 게바라는 앞으로 24시간을 더 살게 된다. 하지만 그는 자신을 포로로 잡은 사람들과 한마디도 나누지 않는다. 체 게바라가 잡혀 있는 동안 볼리비아의 대통령 바리엔토스와 미국의 CIA, 그리고 린든 존슨 대통령은 바쁘게 움직였다. 결국 린든 존슨 대통령은 눈엣가시 같은 존재였던 체 게바라를 처형할 것을 결정한다. 그 결정은 CIA를 통해서 바리엔토스 대통령에게 전달되고, 바리엔토스는 제네바 조약을 무시하고 아무런 재판도 없이 체 게바라의 사살을 명령한다. 체 게바라는 이게라스의 한 학교에서 '마리오 테란'이라는 볼리비아 병사의 총에 의해서 사살된다. 당시 체 게바라의 나이는 39세였다.

비록 방아쇠는 마리오 테란이라는 허약한 볼리비아 병사가 당겼지만, 그의 손을 움직인 것은 미국과 미국의 대리인인 바리엔토

스 볼리비아 대통령이었다. 그들은 자신들에게 가장 위협적인 존재인 체 게바라를 제거한 것에 대해서 기뻐하였을 것이다. 하지만 그들이 생각하지 못한 것이 있다. 체 게바라를 살해함으로써 그들은 오히려 체 게바라를 전 세계 사람들 모두의 가슴에 새겨 놓았던 것이다.

체 게바라 연보

1928년	아르헨티나 로사리오에서 아버지 에르네스토 게바라 린치와 어머니 셀리아 데 라 세르나 사이에서 출생함. 그의 이름은 에르네스토 게바라 데 라 세르나였음. 공식적으로는 6월 14일이 탄생일이지만 그의 어머니 셀리아에 따르면 출생신고를 고의로 한 달 늦게 하였다고 함.
1932년	체 게바라의 천식 때문에 건조한 기후를 찾아서 코르도바 근교의 알타그라시아로 이주함.
1947년	의학을 공부하기 위해서 부에노스아이레스 대학에 입학함.
1951년	체 게바라는 몇 살 위의 친구인 알베르토 그라나도와 함께 남미 전역을 여행함.
1953년	의사 면허를 취득함.
1954년	멕시코에서 피델 카스트로와 만남. 그리고 페루 여성인 일다 가데아와 결혼하여 딸 일디타를 낳음.
1956년	이른바 그란마호의 82명 중 한 사람으로 쿠바에 상륙하여 게릴라 활동을 시작함.
1959년	쿠바 혁명이 성공한 후 국립은행 총재에 오름. 알레이다

마르치 데 라 토레와 재혼함.

1965년 쿠바의 요직을 벗어던지고 아프리카 콩고의 게릴라전에 뛰어듦.

1966년 남미 게릴라전을 수행하기 위해서 볼리비아로 잠입함.

1967년 볼리비아에서 게릴라전을 수행하던 도중 사로잡혀 미국 CIA의 사주를 받은 볼리비아의 바리엔토스 대통령에 의해서 10월 9일 처형됨.

아름다운 혁명가

체 게바라

개정판 1쇄 발행일 2017년 12월 20일
개정판 3쇄 발행일 2024년 11월 1일

지은이 박영욱
펴낸이 강병철
펴낸곳 더이룸출판사

출판등록 1997년 10월 30일 제1997-000129호
주소 04047 서울 마포구 양화로6길 49
전화 편집부 (02)324-2347 경영지원부 (02)325-6047
팩스 편집부 (02)324-2348 경영지원부 (02)2648-1311
이메일 jamoteen@jamobook.com

ISBN 978-89-5707-876-1 (43990)